列島の戦国史⑧

織田政権の登場と戦国社会

平井上総

吉川弘文館

刊行のことば

関東の享徳の乱（一四五四年〜）、京都を中心とする応仁・文明の乱（一四六七年〜）に始まり、大坂夏の陣（一六一五年）をもって終結するとされる戦国時代は、日本史上最も躍動感にみなぎる時代であり、多くの人々の関心を集めている。ＮＨＫ大河ドラマの舞台の圧倒的多数がこの時代であるのは、その証左といえよう。そこでは、さまざまな英雄が登場し、戦乱を乗り越え時代を切り開いていった姿が描かれている。

甲斐の武田信玄が定めた「甲州法度之次第」で、「天下」は「戦国」なのだから、すべてに優先して武道に励み武具を用意することが肝要だとされているように、戦国時代はまさに戦乱がうち続く世の中だった。それでは、なぜそのような世の中になったのだろうか？　ふつう思い浮かぶのは、足利幕府が弱体化し権威が失墜したため、実力がものを言う分裂抗争が広まったということだろう。その勝者が戦国大名となって群雄割拠の時代を迎え、「天下」をめぐる争いの末、徳川氏が勝利を収め太平の世を生み出したとされるのである。こうした考え方は、新井白石の

『読史余論』や頼山陽の『日本外史』などでも示される、江戸時代以来の通説であり、今日に至るまで強い影響力を有しているといえる。

しかしこれだけなら、単に全国政権が足利幕府から徳川幕府に変わり、社会は平和を回復したということで終わってしまう。実際には、足利幕府と徳川幕府はともに武家政権だが、その支配のやり方は大きく違っていた。たとえば、検地や宗門改を通じて全国の土地や住民を把握することなど、足利幕府も含め中世の国家権力が行ったことはなかった。それだけ、国家による社会や民衆の掌握・管理が強化されたのである。戦国争乱は、そうした新しい政治秩序を生み出すための胎動でもあった。しかもそれは、支配者側の意図によってだけでなく、受け入れる社会の側の変化を基礎としてもたらされたものだった。だから、戦国争乱の意味を理解するためには、英雄たちの動きだけでなく、社会のあり方にまで視野を広げる必要がある。しかもその社会は、民衆が日々の暮らしを営む在地から、海を通じて日本列島と結ばれていた東アジアまでの広がりをもっていたのである。

こうした考えに基づいて、「列島の戦国史」シリーズでは以下に示す編集方針がとられている。まず時間軸として、対象時期を四段階に区分し、それぞれの時期の争乱の特徴を明らかにすることである。第一段階は十五世紀後半で、足利幕府の全国支配は動揺するが、享徳の乱にしても応仁・文明の乱にしても、幕府支配体制の内部抗争という性格をもっている。第二段階は十六世紀前半で、管領細川政元が将軍足利義材（義稙）を廃した明応の政変（一四九三年）を契機に、幕府の全国支配は崩れ、各地で守護の家督騒動や守護代の「下剋上」など、新秩序建設をめぐる覇権争いが展開する。第三段階は十六世紀後半で、東の河越合戦（一五四六年）・西の厳島合戦（一五五五年）における、北条氏・毛利氏という新興勢力の勝利に象徴される地域覇権争いの基本的決着をうけて、その覇者である戦国大名同士の領土紛争（「国郡境目相論」）が展開する。十六世紀末へ向かう時期には、中央で生まれた織田・豊臣権力が各地の戦国大名と敵対・連携し、最終的には小田原合戦の勝利（一五九〇年）により全国制覇（「天下統一」）を達成する。第四段階は十七世紀初頭で、新たな全国政権の主導権をめぐる争いが展開し、徳川氏の勝利で決着する。

また空間軸として、京都や畿内を中心にとらえることなく各地域社会の動向を重視し、一方で周辺の東アジア地域の動向にも目を配ることである。前者については、近年、享徳の乱と応仁・文明の乱の連動性が注目されているように、一方的に中央の政治動向が地方に影響を及ぼすというものではなく、地方には独自の政治状況が存在し、かつそれが中央の状況とも関わって進行していくという、いわば双方向的関係があったことを重視したい。織豊権力による全国制覇の過程も、「惣無事」の強制のような服従の押しつけとして描くのではなく、受け入れる地方の側の対応やその背景にも目を配ることが大切である。したがって、地域社会の政治・経済・文化の状況や、それらを踏まえた戦国大名の領国統治の理解が欠かせず、十分にページを割くこととなった。なお、各巻で同じ事柄について異なる見解・評価が示されていることもあるが、執筆者各自の考えを尊重し、あえて一致させていないことをお断りしておく。

本シリーズを通読されることにより、史上まれに見る社会変動期であった戦国時代を、総合的に理解していただければ幸いである。

二〇二〇年三月十五日

企画編集委員
池　享
久保健一郎

目次

織田信長の時代――プロローグ

革命児か平凡な大名か

戦国時代後半、織田信長は、日本の中心部分を掌握し、室町幕府に代わる政権を打ち立て、戦国社会を統合へと向かわせていった。ただし、信長は、天正《てんしょう》十年（一五八二）の本能寺《ほんのうじ》の変によって死亡してしまう。本書はその織田政権を描くものである。

信長は、既存の権威（天皇・将軍・仏教など）をものともせず、革新的な政策（楽市楽座・鉄炮隊の運用・兵農分離など）を次々と行った革命児というイメージが強い。それは、歴史小説のほか、子供向け・歴史ファン向け・ビジネスマン向けなどの各種の書籍や、テレビ番組、漫画、ゲームなど、あらゆるメディアで今でも再生産されている。混沌としていた戦国時代が織田信長という強烈な個性の登場によって一気に変化していく、という物語性が好まれているのであろう。

一方、信長が関わった事件、行った政策の実態の再検討が、研究者によって進められている。それによって、実は信長のやったことは他の戦国大名と大きく変わらないのではないか、伝統的権威にも配慮していたのではないか、といった見方がされてきている。ロマンがないという意見もあるだろうが、実像を明らかにしたうえで歴史の変化を検討しようとするのは研究者として当然であって、信長もその対象外ではないのである。

この項目には「革命児か平凡な大名か」という見出しをつけたが、こういった二極化で単純化して語るのも、あまり生産的ではなかろう。本書の立ち位置としては、戦国社会の中で信長のやったことはどのように位置付けられるのかを説明することにつとめたい。従来の説から変わっている部分を、どう変わったのか、なぜ変わったのかを解説する時もあるため、やや冗長に思える部分もあるだろうことを最初に断っておく。

1—織田信長画像（大徳寺所蔵）

なお、歴史学では、史料がすべての記述の基礎となる。信長に関する史料としては、彼の一生を描いた比較的信頼性の高い軍記である『信長公記《しんちょうこうき》』と、当時日本にやってきていたイエズス会宣教師の記録、特にルイス・フロイスの『日本史』はよく言及することになる。ただ、どちらも完璧ではなく、明らかに（意図的に？）誤っている点もある。これまで多くの研究が、文書や日記といったさまざまな史料から検証を行ってきているため、本書はそうした成果を参照しながら独自の考察もしつつ記している。

信長期の戦国社会

まず、織田信長が生まれ、活躍し始める、一五三〇〜六〇年代の日本の状況についてみてみよう。

室町幕府は、応仁元年《おうにん》（一四六七）からの応仁の乱、明応二年《めいおう》（一四九三）の明応の政変、永正四年《えいしょう》（一五〇七）の細川政元《ほそかわまさもと》暗殺などの戦乱・事件を経て衰退し、日本全国への影響力を減少させていった。その一方で、これらの事件を契機として自分の国の経営に軸足を移していった守護たちや、その配下から守護をしのぐまでに成長した国人《こくじん》・被官《ひかん》たちなど、多様な存在が日本各地で戦国大名と呼ばれるような地域権力になっていった。民衆レベルでは、南北朝期頃から成立した惣村《そうそん》が畿内近国を中心に活動を続けており、近世の村へとつながっていく。また、武士や百姓など多様な身分の者が形成する一揆《いっき》が地域権力となる場合もあり、加賀《かが》国では浄土真宗本願寺派《じょうどしんしゅうほんがんじは》の門徒による一向一揆《いっこういっき》が守護富樫《とがし》氏による支配を否定し、実質的に国を支配していた。

このように書くと、戦国時代の日本では秩序が完全に崩壊しているかのようである。しかし、京都には天皇や貴族の多くが居住し朝廷が存続しているし、戦国大名たちは室町幕府の将軍足利《あしかが》氏を主君として扱い続けていた。室町時代に比べれば混沌としていることは間違いないものの、身分の上下に関しては人々の意識を拘束し続けていたといえる。

幕府に関しては、将軍足利氏と、代々管領《かんれい》をつとめてきた細川京兆《けいちょう》家が、協調・対立を繰り返していった。その中で、細川京兆家の家臣であった三好長慶《みよしながよし》が、主君の細川晴元《ほそかわはるもと》と対立し、将軍足利義《よし》晴《はる》・義輝《よしてる》父子ごと京都から追い落としてしまう。それによって、途中で一年半ほどの和睦も挟みながらも、約九年間、三好長慶が京都を支配する体制が続いていった。この三好政権は幕府から離れた独自の政権で、朝廷を含めた京都の人々もある程度受け入れていたことから、織田信長の政権を先取りした事例ともいわれている（天野二〇一四）。

永禄《えいろく》元年（一五五八）に三好長慶と足利義輝の和睦によって京都に幕府が復活するから過大評価は禁物だが、戦国大名たちの意識の上で幕府と将軍の存在がなおも大きかったことを考えると、それを相対化した政権として三好政権の出現は非常に重要であるといえる。

ここからは視点を変えて、信長が当主になる前の織田氏について説明しておこう（谷口二〇一七）。

織田弾正忠家

室町幕府には将軍を補佐し政務を総轄する重要な役職として管領があり、先にみた細川京兆家のほか、斯波《しば》氏・畠山《はたけやま》氏の三家のみが就任できた。そのうちの斯波氏は越前《えちぜん》国・尾張《おわり》国・遠江《とおとうみ》国などの守護となっているが、その配下として尾張国の守護代《しゅごだい》をつとめたのが織田氏である。同氏は伊勢守《いせのかみ》家と大和守《やまとのかみ》家という二つの守護代家に分かれており、信長が生まれた織田弾正忠《だんじょうのじょう》（「だんじょうのちゅう」とも）家は、後者の大和守家に仕える三奉行《さんぶぎょう》の家柄であった。室町時代の秩序からみれば、守護でも守護代でも又守護代でもない、一介の地方武士にすぎなかったことになる。

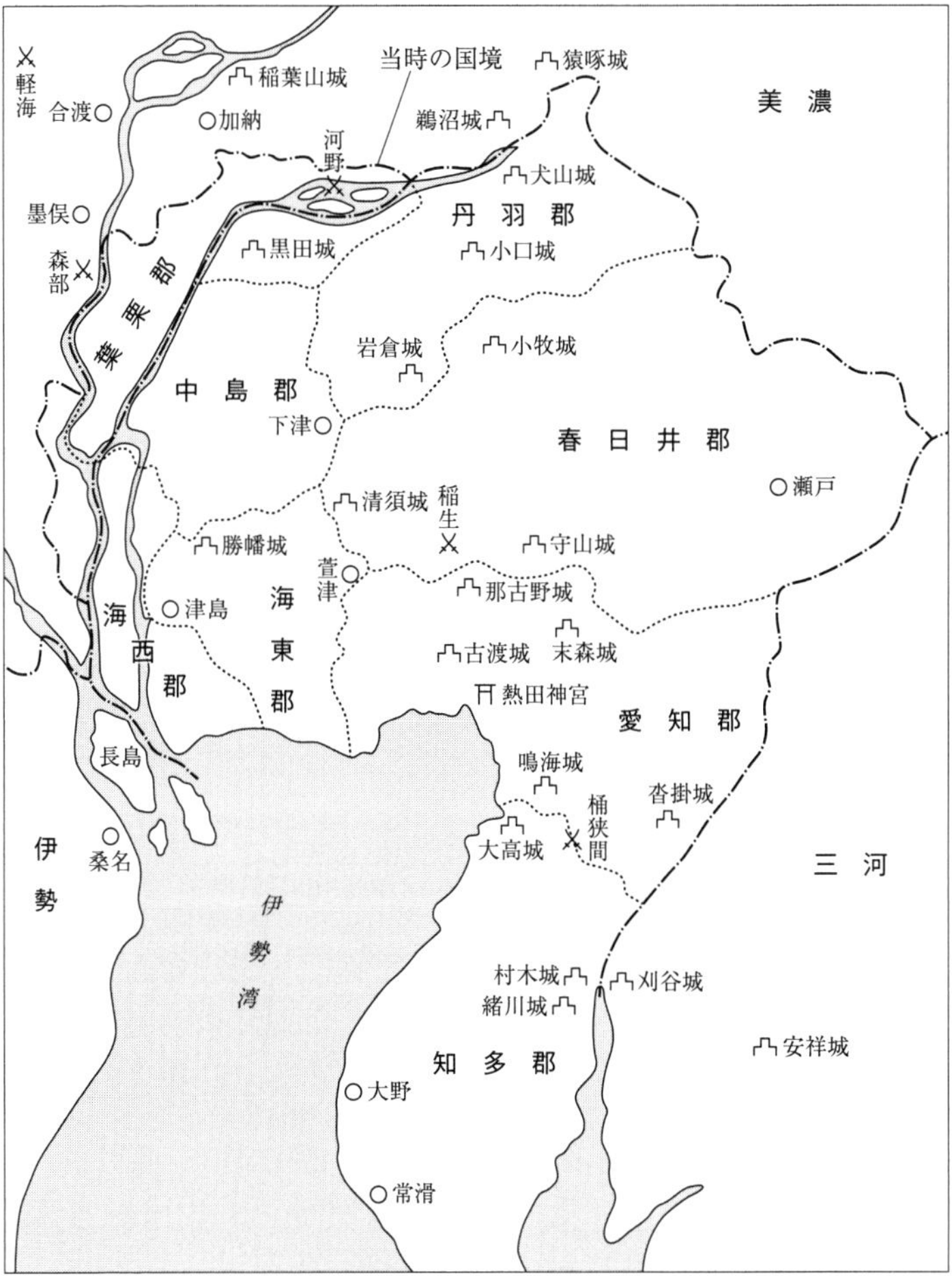

2―尾張国要図（池上 2012 より転載）

戦国時代に入ると、斯波氏の分国《ぶんこく》のうち、越前国は家臣であった朝倉氏《あさくらし》に、遠江国は駿河国《するが》守護の今川氏《いまがわし》に奪われており、幕府の運営にも関与しなくなった当主は尾張国に在国し続けるようになる。斯波義達《よしたつ》やその子義統《よしむね》は、遠江国や越前国を奪還するための活動を行うが、失敗続きであった（谷口二〇一九）。

そうした中で、尾張国内で織田弾正忠家が勢力を持ち始める。信長の祖父信貞《のぶさだ》は勝幡城《しょばたじょう》（愛知県稲沢市）を居城として港町である津島《つしま》を支配し、経済力を強化した。その子信秀《のぶひで》は、今川氏豊《うじとよ》から那古《なご》野《や》城（同名古屋市）を奪って居城とするなど、主人である大和守達勝《みちかつ》に迫るほどの勢力を蓄えた。そして尾張国を代表して、隣国の三河《みかわ》国に進出して松平広忠《まつだいらひろただ》と戦って安城城《あんじょうじょう》を手に入れたり、美濃《みの》国にも兵を出して斎藤道三《さいとうどうさん》と戦ったりしている。三河進出の際には、那古野より比較的三河に近い古渡《ふるわたり》城、さらには末盛《すえもり》城（いずれも同名古屋市）へと居城を移転しており、積極的な姿勢を示していた。ただ、三河方面では今川義元《よしもと》の攻勢に押され、美濃についても劣勢であったため、両方面で和睦を余儀なくされており、外征は難航していた。

信秀は天文《てんぶん》十八年（一五四九）に後継者である三男信長を道三の娘（濃姫《のうひめ》）と結婚させ、斎藤氏との同盟関係を築いた。だがその後、天文二十一年、四十代前半という若さで病死した。こうして、織田弾正忠家は十九歳の信長が新たな当主になる。

『信長公記』によると、若い頃の織田信長は奇抜な行動が多く、「大うつけ」と呼ばれていたという。信秀が早死にして若年の信長が継いだことへの不安とこうした悪評から、尾張国内の勢力の中に弾正忠家と対立する動きが出てくる。

若き日の信長

信長が家を継いだ天文二十一年（一五五二）の八月には、清須城《きよすじょう》（愛知県清須市）の守護代織田大和守家の勢力が攻撃をしてきたため、信長と主家との戦いが始まった。その翌天文二十二年七月、清須城で、守護代織田彦五郎《ひこごろう》が守護斯波義統を殺害する事件が起こる。この背景には、彦五郎が今川義元と結び、義統が信長と結ぶという対立があったと推測されている（愛知県二〇一八）。この時、義統の息子斯波義銀《よしかね》が那古野城の信長を頼ってきたため、必然的に信長は主家の織田大和守家と完全に対立し、守護斯波氏を擁立する形となった。翌年、信長の叔父信光《のぶみつ》が彦五郎に協力するふりをして清須城に入り、彦五郎を切腹させて信長に城を渡した。これによって、信長は斯波義銀とともに清須城に移住し、那古野城を信光に譲って、実質的に大和守家と同様の地位となった。

　信長の家督継承直後の尾張国内での戦いは、美濃国の国主斎藤道三との同盟関係に支えられていた。道三は娘婿の信長を買っていたらしく、天文二十二年四月に富田聖徳寺《しょうとくじ》で信長と会見したのち、自分の子どもはやがて信長に従うだろうと述べたという（『信長公記』）。ところが、弘治《こうじ》二年（一五五六）四月、道三は嫡子の義龍《よしたつ》によって討たれてしまう。父子の関係が不和だったこともあるが、道三が天文十九年に主君の土岐《とき》頼芸《よりなり》を追放したことが国内で反発を買っていたともいう（木下二〇一四）。戦国時代は下剋上の時代とよくみられているが、実際には室町以来の秩序を乱すことへの人々の抵抗感はかなり強かったのである。

この事件によって信長は斎藤義龍（実際は斎藤高政あるいは一色義龍が正しい）と対立することになり、強力な同盟勢力を失った。さらに、義龍は尾張国のもう一つの守護代である織田伊勢守家や信長の弟信勝《のぶかつ》らと結んだから、信長は国内勢力との争いにさらに忙殺されることになった。信勝（信行《のぶゆき》という名で有名だが実際には名乗っていない）は、父信秀の最後の居城であった末盛城と重臣柴田勝家《しばたかついえ》らを譲られており、「うつけ」の兄信長とは異なり礼儀正しかったという。そうしたことから、家臣の中には信勝こそ弾正忠家の当主にふさわしいと考える勢力がいたのである。こうした、家臣がふさわしい主人を擁立するという動きも、戦国時代の常であった。

弘治二年の稲生《いのう》の戦いで勝利した信長は、母の取成しによって信勝を許した。ところが永禄元年（一五五八）、信勝の重臣柴田勝家が、信勝が再度謀叛を企てていると信長に密告してきたため、信長は仮病を使って信勝を清須城に呼び寄せ、殺害した。その前後の時期には岩倉城《いわくらじょう》を包囲して織田伊勢守を退散させており、信長は家督継承から悩まされ続けた国内勢力を数年間かけてやっと抑えこんだのであった。

桶狭間の戦い

永禄二年（一五五九）二月、織田信長は短期間ながら上洛し、将軍足利義輝に会っている。公家の山科言継《やましなときつぐ》の日記によると、五百人を連れてきていたらしい（『言継《ときつぐ》卿記《きょうき》』。史料によって人数は異なる)。尾張の情勢が一段落ついたことと、前年末に義輝が三好長慶と和睦して帰京し幕府が京都に戻っていたことが契機となっていたのだろう。信長は二つの守護代家を倒したため、将軍からも追認してもらうことで正当化を図ろうとしたのだと思われる。ただ、同時期にライバルの斎藤義龍が実名《じつみょう》の「義」の字と相伴衆《しょうばんしゅう》の家格を幕府からもらっていることに比べると、信長は具体的に何かを得た様子がない。この時点の信長は守護斯波義銀の配下として低く見られていたのではないか。

永禄三年、駿河国の今川義元が数万の軍勢を率いて尾張国に攻め込んできた。義元が天下取りを目指して京都に進もうとしたといわれることもあったが、現在では三河や尾張で今川領を確保することが主眼だったとみられている(平野二〇一六)。信長の父信秀の代から織田氏と今川氏は三河国を中心に争ってきたし、今川氏が斯波氏から遠江国を奪ったという因縁もあったから、一時和睦を挟んでいるとはいえ、今回の義元の出兵もその延長線上に位置付けられるともいえる。そもそも京都では足利義輝と三好長慶による幕府が一応存在していたため、義元が大軍を率いて上洛しようとしたとすれば、後年の信長のように、よほどの理由・名分があったはずである。だが、義元は京都周辺の勢力にそうした事情を語っていないから、上洛説は成り立たないだろう。

五月十七日に尾張国の沓掛城《くつかけじょう》(愛知県豊明市)に今川勢が到着したこと、十九日には丸根砦《まるねとりで》・鷲津砦《わしづ》(同名古屋市)への攻撃が行われるであろうことを知った信長は、十九日夜明け、両砦への攻撃が開始されたとの情報を得て急遽出陣した。この後の展開については、かつては田楽狭間《でんがくはざま》で今川勢が休息しているところを織田勢が山の上から奇襲したとみられていたが、『信長公記』の記述を基に再検討が進んだ結果、現在の研究では桶狭間山《おけはざま》（同豊明市・名古屋市）で休息している今川勢に織田勢が正面からぶつかっていったとする見解が強い（藤本二〇〇三）。織田勢は二千にも満たなかったといい、かなり無謀な突撃だったが、ここで猛烈な雨が今川勢に向けて降り注いだことが織田勢によって有利となった。雨が止んだところで織田勢は突撃し、雨によって乱れた今川勢の本陣《ほんじん》に数度の攻撃をしかけた結果、毛利《もうり》新介《しんすけ》が今川義元を討ち取った。

かなり偶発的要素に助けられながら、織田信長は今川勢の脅威を排除することに成功した。信長は今川義元の首を清須で首実検した後、今川氏の本国駿河に送り届ける一方、義元が用いていた左文字《さもんじ》の刀を自分の普段用いる刀とした（建勲《けんくん》神社所蔵）。

桶狭間後の東海地方

戦後、今川領国がどうなったかをみていこう。義元の戦死によって尾張国から撤退した今川氏は、義元の嫡男氏真《うじざね》が新たな当主となった。今川氏真は織田信長より四歳下（家督相続時は二十三歳）で比較的若かったが、実は父の死よりも前から駿河・遠江両国への文書の発給を開始している（有光二〇〇八）。したがって、タイミングこそ想定外であるものの、彼が家督を継ぐこと自体は既定路線であった。

しかし、桶狭間での敗戦の影響は大きく、三河国や遠江国で国人の反乱が起こっていったため、その対処に専念せざるをえなくなっていった。三河国では、今川氏に従っていた松平元康《まつだいらもとやす》が離反した。氏真はこの元康らの反乱を「松平蔵人《くろうど》逆心」や「三州錯乱」と呼んでいるが、やがて遠江国でも国人の反乱が続出した。永禄六年（一五六三）頃から起きたこの「遠州忩劇《そうげき》」を氏真は二、三年かけて収めたが、それによって三河方面への介入の機会を逃すことになった。

自立した松平元康は織田信長と和睦し、これによって両者は対斎藤・対今川というそれぞれの目標に専念できるようになった。元康は永禄六年七月には名前を「家康」と改め、今川氏の影響をさらに排除しようとしている（元康の「元」は今川義元からの拝領）。

ところが同年、酒井忠尚《さかいただなお》や吉良義昭《きらよしあき》などが今川氏と結んで蜂起したほか、秋には三河一向一揆が勃発する。この一揆のきっかけは松平家臣が上宮寺《じょうぐうじ》から兵糧を徴収しようとしたことにあったらしく、信仰そのものというよりは特権否定への反発が原因だったようである。ただし、松平家臣の浄土真宗門徒もこの一揆に加わっており、松平氏にとって非常に大きな事件になってしまった。家康は翌年二月に一揆と和睦するが、家臣や領内での浄土真宗の信仰を禁止するなど、弾圧も進めていく。

やがて三河国を平定した永禄九年、家康は朝廷に申請し、徳川へと苗字を改めた（以後、本書では彼を徳川家康と呼称する）。

尾張の国主へ

徳川家康との同盟によって三河方面への警戒を必要としなくなった織田信長は、尾張国内の統一と、美濃国の斎藤氏との戦いに専念するようになる。斎藤氏との戦いについては、京都を目指したものとみられることがある。だが、今川義元の場合と同様、京都には足利義輝が将軍として健在であり、何の名分もなく上洛戦を始めたとは考えがたい。道三敗死以来、斎藤義龍が尾張の反信長勢力を焚きつけて散々信長を悩ませてきていたから、そうした対抗関係が桶狭間の戦いを跨いで継続していたとみたほうがよかろう。

なお、義龍は永禄四年（一五六一）に急死し、若い龍興《たつおき》が跡を継いで斎藤氏の当主となった。信長は義龍の死の直後に攻め込み、永禄六年には美濃に近い小牧山《こまき》（愛知県小牧市）に築城して居城を移すなど、積極的に攻勢に出ているが、攻略は順調には進まなかった。ただ、尾張国内に関しては、永禄八年二月、従兄弟である犬山城主《いぬやまじょうしゅ》織田信清《のぶきよ》を追放し、統一している（横山二〇一二）。

ところで、桶狭間の戦いの後、斯波義銀が同じ足利一族の吉良氏（義昭あるいは義安）や石橋義忠《いしばしよしただ》らと結んで今川氏と通じたため、信長は彼を追放したという（『信長公記』『清須合戦記《きよすかっせんき》』）。この事件は『清須合戦記』に従って永禄四年のこととみられているが、桶狭間の戦いの翌年に義銀が今川氏真に通じるというのはやや疑問が残る。三河一向一揆における吉良義昭の蜂起と関連して起きた事件なのかもしれない。

信長は主人義銀を放逐したが、代わりの守護を擁立した形跡がないから、完全な下剋上を果たしたことになる。斎藤道三の場合と同様、こうした行為は周囲から反発されたであろうが、これに対する反応は史料上では確認できない。のちに足利義昭《あしかがよしあき》を追放する時、信長はいろいろと正当化を図っているから、この時も、今川義元を退けた実績や、義銀の離反の不当さ、上洛して足利義輝に認められたことを宣伝して正当化したのだろう。なお、義銀は後年許されて織田政権に身を寄せたようである。

こうして、不可解な点も残るものの、桶狭間の戦いから数年ののち信長は名実ともに尾張の国主となった。なお、永禄七年に信長の将来を見込んだ正親町天皇《おおぎまちてんのう》が密かに勅使を尾張に下したともいわれるが、確かな史料からは確認できない（『禁裏御倉職立入家文書《きんりおくらしきたてりけもんじょ》』五・六一号）。

一　室町幕府の再興

1　足利義昭の上洛計画

織田信長が国主になる頃、京都では将軍足利義輝《あしかがよしてる》が殺害された。この事件がその後の政局に大きな影響を与えていくことになる。

足利義輝の死

室町幕府の第十三代将軍の足利義輝は、三好長慶《みよしながよし》と対立して近江国《おうみ》に逃れていたが、先述のように永禄《えいろく》元年（一五五八）に和睦して帰還した。それまで京都の支配は三好政権が担っていたが、義輝の帰還によって室町幕府による支配が復活する。そこを信長や斎藤義龍《さいとうよしたつ》、それに越後国の長尾景虎《ながおかげとら》（のちの上杉謙信）らが訪れていた。

義輝と長慶が和睦した結果、表面上は両者の君臣関係が再構築された。とはいえ、両者のわだかまりが完全に解消したわけではない。義輝にとって長慶は、またいつ対立して京都から追い出されるかわからない存在だった。そうした中で義輝は、中国地方の尼子《あまご》―毛利氏《もうりし》間、九州の伊東《いとう》―島津氏《しまづし》間、中国・九州の尼子―毛利―大友氏《おおともし》間、東海の今川《いまがわ》―松平氏《まつだいらし》間、関東の上杉―武田―北条氏《ほうじょうし》間など、各地の戦国大名の争いに介入し、積極的に和睦を命じている。ただ、各大名にもそれぞれに事情があるため、和睦を受け入れてもすぐに破綻するなど、義輝の命令は容易には実らなかった。また、各地の大名に、自身の名前の一文字（「義」や「輝」）や、幕府の家格を与えていった。こうした義輝の外交施策は、将軍の権威を利用しようとする大名側の狙いもあったが、三好氏に対抗しうる有力勢力を味方につけようという義輝自身の思惑もあっただろう。

将軍義輝と三好長慶の水面下での対立が続いていた永禄七年七月、三好長慶は病死する。嫡男義興《よしおき》は前年に死去しており、長慶は弟十河一存《そごうかずまさ》の子である義継《よしつぐ》（重存《しげまさ》）を後継者としていた。こうして、若い三好義継が三好氏当主となり、松永久秀《まつながひさひで》・久通《ひさみち》父子や、三好三人衆（三好一族の三好長逸《ながゆき》、三好宗渭《そうい》〈政勝・政生〉、および家臣石成友通《いわなりともみち》）が義継を支える体制となった。

翌永禄八年五月十九日、三好義継の軍勢が足利義輝の御所を襲った。義輝は自ら刀や薙刀《なぎなた》をとり多くの兵を斬り伏せたのち御殿に火をつけて自刃したとも（『信長公記《しんちょうこうき》』）、隠れて死ぬより討ち死にを選び突進し殺害されたともいうが（フロイス『日本史』）、当時の書状類では切腹と記すほうが多い。義輝の弟の鹿苑寺周暠《ろくおんじしゅうこう》（鹿苑院とも）もすぐに殺害された。

二日後には義継の名代として三好長逸が朝廷を訪れ、朝廷側では小御所《こごしょ》で応対している。将軍殺しは戦国時代といえども驚愕の出来事であったが、朝廷は三好勢力を受け入れることで生き残りを図らざるをえなかったのである。

将軍候補の争い

三好義継はなぜ将軍足利義輝を殺害したのか。『信長公記』には義輝が三好に「御謀叛」を企てたためとある。長慶生存時以来の水面下の対立が背景にあったことは間違いない。ただ、三好勢は包囲時、訴訟があると言っていたようである（「上杉家文書」『上越市史』別編1、四五九号）。室町時代には将軍邸を包囲して要求する「御所巻」という行為がしばしばとられており、義継たちは当初義輝を殺害するつもりではなかったとの見方もある。そうした説によると、義輝の反三好派の側近の排除を要求するため、あるいは義輝を引退させるために包囲して圧力をかけたところ、義輝が反撃に出たため殺害に至ったという（柴二〇一六、山田二〇一七）。

3―足利義輝像（上）と足利義昭像（下）（等持院所蔵）

義輝の殺害後、京都では、三好勢が義輝の従兄弟足利義栄《あしかがよしひで》を新将軍として擁立するだろうとの予測がなされていた。ところが義栄が四国の阿波《あわ》国から渡海して摂津《せっつ》国越水に来たのは翌永禄九年（一五六六）九月であり、時期がかなり開いている。どうも、三好氏の中で、幕府からの自立を狙う三好義継や、義輝の弟一乗院覚慶《いちじょういんかくけい》（のちの足利義昭《よしあき》）を保護する松永久秀、義栄擁立を狙う阿波三好氏の勢力など、方針の違いが起こっていたためらしい（天野二〇一六）。

そうした中で、三好氏による将軍殺害に反発し、いくつかの勢力が行動を開始する。義輝殺害の翌月、河内《かわち》国守護畠山《はたけやま》氏の家臣安見《やすみ》宗房《むねふさ》は、越後国の上杉輝虎《うえすぎてるとら》（以後、本書では上杉謙信と記す）に対し、「天下御再興」のために上洛し弔い合戦をするよう求める書状を出している（『上越市史』別編1、四六二号）。宗房は、「越前《えちぜん》（朝倉義景《あさくらよしかげ》）・若狭《わかさ》（武田《たけだ》義統《よしむね》）・尾張《おわり》（織田信長）には大覚寺《だいかくじ》義俊《ぎしゅん》（義輝の母方の伯父）が連絡する」とも述べており、畠山氏と義俊が連携して反三好勢力を形成しようとしていたことがわかる。そして義俊は朝倉義景を通して松永久秀と交渉し、七月二十八日に覚慶を奈良から脱出させた。奈良を脱出した覚慶は、幕府奉公衆《ほうこうしゅう》の和田《わだ》惟政《これまさ》の導きによって近江国甲賀《こうが》郡和田（滋賀県甲賀市）に居を移し、新たな足利氏当主候補として名乗りをあげた。

義昭の上洛計画

和田に着いた覚慶は、同年（永禄八年〈一五六五〉）十月には関東から九州まで広範囲の大名に連絡を取り、織田信長や徳川家康にも和田惟政を派遣して上洛の意思を伝えている。覚慶は、各地の大名と連携して京都に攻め上り、将軍となることを基本戦略としたのである。大徳寺《だいとくじ》や東寺《とうじ》など、この段階から覚慶の禁制《きんぜい》（軍勢などの乱暴を禁じる文書）を申請して得ている寺院もあり、京都の人々も彼の上洛の可能性を早くから予測していた。

同年十一月に覚慶は同じ近江国の矢島（滋賀県守山市）に移動しており、近江の大名六角承禎《ろっかくじょうてい》（義賢《よしかた》）も義昭の滞在を黙認していたらしい。翌永禄九年正月には、公家で吉田《よしだ》神社の神官である吉田兼右《よしだかねみぎ》が、おそらく朝廷からの使者として矢島に下向してきている。翌二月に覚慶は、還俗《げんぞく》して足利義秋（のちに義昭と改名。本書では以下義昭と記す）と名乗ると、朝廷に還俗の礼として馬と太刀《たち》を献上した。するとと翌月に朝廷は、内密で義昭を左馬頭《さまのかみ》に任じた。

左馬頭といえば歴代の将軍が就いてきた重要な官職だから、朝廷も義昭を将軍候補として認めたことになる。ただし義昭の任官を内密にしていたのは、先述の通り朝廷が三好氏を受け入れているからである。この年十二月には足利義栄が左馬頭を望んできて、翌永禄十年正月に義栄を左馬頭に任じている。つまり朝廷では、義輝を討った三好氏（が擁立しようとしている義栄）と、それを打倒して将軍になろうとする義昭の両方とつながりを持つことで、どちらが勝利しても生き残れるようにしていたのである。

義昭が還俗して朝廷からも認められた頃、畿内では三好氏の内部抗争が起こっていた。三好三人衆は義昭に「義輝様殺害は松永久秀のせいです。義栄様と和睦して上洛してください」と述べ、久秀側は阿波三好氏の家臣篠原長房《しのはらながふさ》に責任を被せて「私は義輝様を殺したくありませんでした。義昭様を殺害するという意見も私が実行させませんでした。上洛なされば、河内・和泉《いずみ》・紀伊《きい》の勢力とともに忠節を尽くします」と言ってきたらしい（『上越市史』別編1、四九六号）。しかし義昭は、分裂する三好勢の一部を頼る方式ではなく、織田信長と斎藤龍興《さいとうたつおき》を和睦させて上洛する計画を進めている。ここで選ばれたことが、のちの信長の躍進につながっていくのである。

美濃斎藤氏との戦い

織田信長が足利義昭の上洛供奉《ぐぶ》に選ばれた理由はなんだろうか。義昭は近江に滞在しており、地理的には六角承禎を頼るのが最適なはずである。戦国期の六角氏には、しばしば将軍を保護した実績もある。ただ、義昭としては、おそらく六角と三好がつながる可能性を危惧したのだろう。この危惧はすぐ後に現実となる。

義昭がよく御内書《ごないしょ》を送っている上杉謙信については、義昭が北条氏康《ほうじょううじやす》との和睦を斡旋しているように関東での戦いに忙殺されており、また武田信玄との決着にもこだわっていたため、上洛が難しかったらしい。その武田信玄は、永禄八年（一五六五）九月の義昭からの御内書を十二月に受け取り、翌年三月になってようやく「上洛すべきですが遠国なので無念です」と断っているから（『戦国遺文　武田氏編』九八一号）、義昭を支援することには明らかに消極的である。

このように、義昭が考えていたほどには、大名たちは動けない（動いてくれない）状況にあった。そうした中で、かつて将軍足利義輝に会いに上洛してきていた織田信長が、上洛を支援してくれる可能性が高い大名として有力視されたのだろう。信長が義昭の上洛への供を快諾したため、義昭は上洛計画を立てた。それは、永禄九年八月下旬を期して、信長を筆頭に、三河《みかわ》国の徳川家康、美濃《みの》国の斎藤龍興、伊勢《いせ》国の北畠具教《きたばたけとものり》が兵を出し、近江国・伊賀《いが》国・大和《やまと》国の諸勢力と結んで上洛するというものだった（村井二〇一四）。この時義昭は、松永久秀を許し、上洛作戦の一環に組み込んでいる。

ところがこの計画は二つの理由によって挫折する。一つは、信長が上洛軍を出さず、そればかりか義昭の命令で和睦したはずの斎藤龍興の領国に攻め入り、撃退されたためである。信長が一方的に攻め込んだというのは斎藤側の言い分なので、割り引いて考える必要もありそうだが、両者の年来の対立関係をすぐに解消することが難しかったことは確かだろう。信長と龍興の対立が再燃したことで、織田氏に頼る上洛作戦を予定通り行うことは難しくなった。

もう一つは、三好勢が軍勢を近江に派遣し、六角承禎がそれに結びついたことで、義昭が矢島にいられなくなったことである。八月二十九日に矢島を退去した義昭は、若狭国の武田義統の元に移動したが、九月にはさらに越前国の朝倉義景の元へと移っていった。その後も義昭は、信長や謙信に上洛支援を依頼し続けていく。

岐阜城への移住

翌永禄十年（一五六七）八月、織田信長は、西美濃の稲葉《いなば》一鉄《いってつ》・氏家直元《うじいえなおもと》（卜全《ぼくぜん》）・安藤守就《あんどうもりなり》ら、「美濃三人衆」と呼ばれる斎藤家臣を味方につけることに成功した。『信長公記』によると、信長は彼らの人質を受け取るための使者を派遣する一方で、人質到着前に出兵し、斎藤龍興の居城稲葉山城《いなばやまじょう》（岐阜県岐阜市）に攻め込んだという。斎藤勢が混乱している間に信長は城下に火をかけて防御力を奪い、城を包囲した。重臣の裏切りと稲葉山城の包囲という事態を受けて、斎藤家臣の中から降伏する者が続出し、十五日に龍興は伊勢国長島へ落ち延びたという。これによって、信長は美濃国奪取を果たすことになった。

前述のように信長は小牧山城《こまきやまじょう》に居城を移していたが、これ以後は稲葉山城を岐阜城と改名して居城にしていく。この移転に関しては、天下統一のためと説明されることもある。ただ、この時期の信長は、まだ足利義昭の上洛供奉に選ばれた一大名にすぎない。現実的には、国主が斎藤氏から変わったことを印象付け、また美濃国に居住することで統治しやすくする目的と、義昭の支援を再開するために京都に行きやすい拠点を選んだといった事情によるものとみられる。

この年十一月に、朝廷から信長のもとに勅使が派遣され、美濃国獲得を祝うとともに、皇子誠仁《さねひと》の元服《げんぷく》費用の献上や、内裏《だいり》の修理費用の献上、禁裏御料所《きんりごりょうしょ》の回復などを命じてきている。織田弾正忠《だんじょうのじょう》家では信長の父信秀《のぶひで》の段階から内裏修理料を献上しており、信長も美濃攻略の前年四月に馬・太刀・三千疋《ひき》（銭三十貫文）を献上している。朝廷としては、新たに生まれた強豪大名とさらにつながりを深めておきたかったのだろう。

なお、朝廷は上杉謙信からも御料所《ごりょうしょ》や七千疋を献上されており、謙信も信長も足利義昭を支援している点で同じである。朝廷が義昭と義栄の両方とつながりを持っていたことはすでに記した通りであり、義昭の上洛計画についても情報が入っていたに違いない。朝廷は、やがて義昭とともに上洛してくる可能性を見越して、信長につながっていったのだろう。

2　信長と義昭の上洛

義昭の美濃入り

美濃国を手に入れた織田信長は、足利義昭の上洛支援を再開した。たとえば、永禄十年（一五六七）十二月に奈良の興福寺《こうふくじ》に送った書状では、上洛に供奉することと松永久秀父子と協力していることを伝え、加勢を依頼している（『増訂織田信長文書の研究』八二号）。和田惟政が使者となっていることから、義昭がこの交渉を仲介したのであろう。

信長と義昭の動きばかりみてきたが、ここで三好三人衆と足利義栄の動きを確認しておこう。義栄は義昭より遅れて左馬頭に任官していたが、永禄十年二月には朝廷に将軍宣下《しょうぐんせんげ》を依頼し、五月にはまだ将軍になっていないのに石清水八幡宮《いわしみずはちまんぐう》の社務職《しゃむしき》に介入したとして訴えられている。その翌年、永禄十一年二月になって、ようやく義栄は征夷大将軍に任官され、室町幕府の第十四代将軍となった。ただし三好三人衆と松永久秀の対立が続き、さらに将軍任官後に三好氏当主である義継が三人衆と対立し始めるなど、政情が安定しなかったため、京都に入ることはできずじまいであった。

義栄に先んじられた形となった義昭は、四月に元服の儀を執り行い、七月に越前国一乗谷《いちじょうだに》を出て美濃国へ入国し、信長と対面した。これによって、かつて挫折した、信長を中心とする義昭上洛作戦が

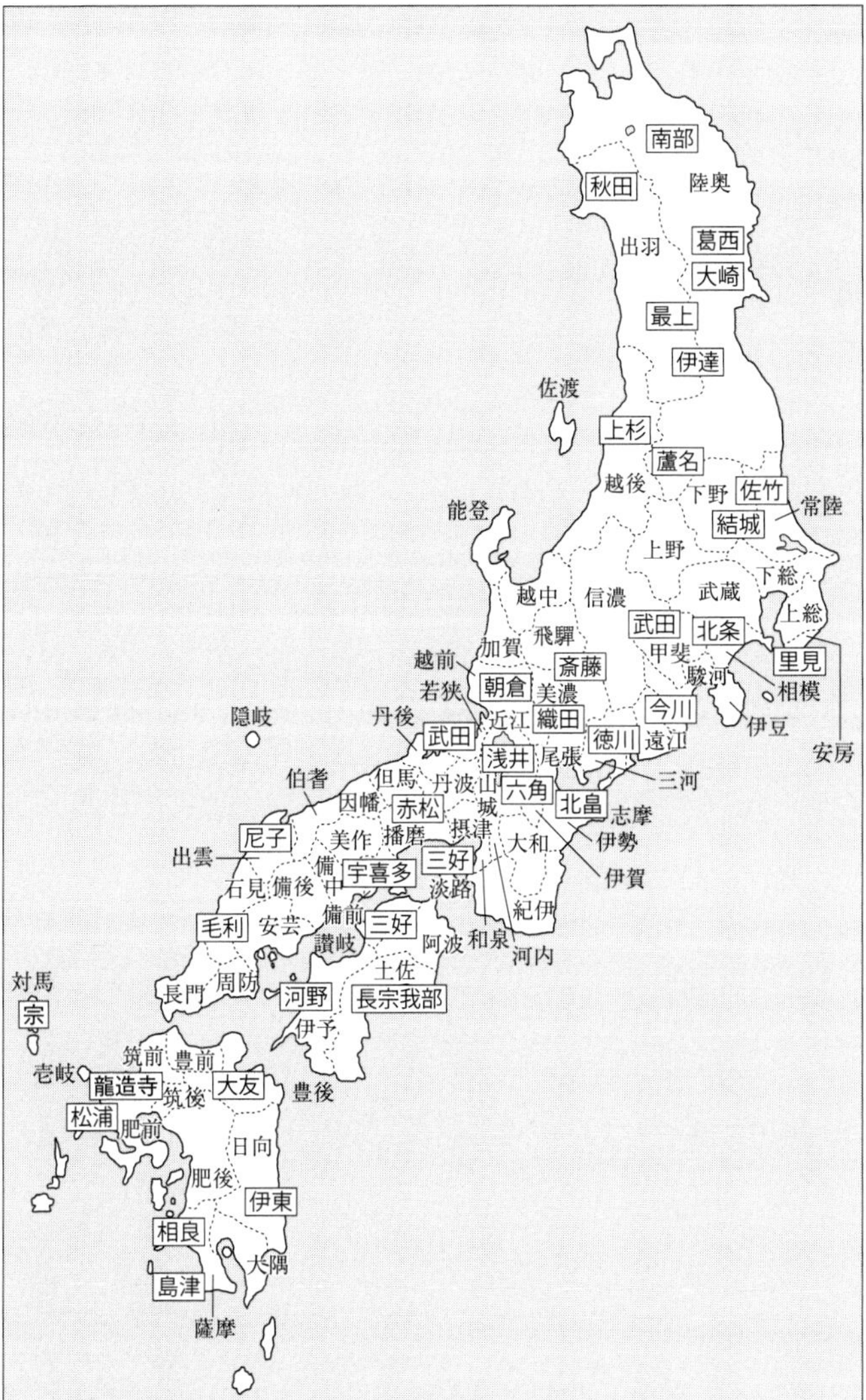

4—永禄年間頃の戦国大名分布（久留島典子『日本の歴史13　一揆と戦国大名』〈講談社、2009年〉より転載）

具体的に動き始める。まず、義昭と信長は、合流前から各地の大名たちに上洛戦について連絡している。たとえば上杉謙信に対しては、義昭は「上洛について信長が申し出てきたので美濃へ行く」と伝えている。義昭は謙信・武田信玄・北条氏康の三者に対して和睦を呼びかけており、それを受けた信長も、義昭上洛の供をするために信玄と友好関係を結んだと謙信に報告し、「天下之儀御馳走」のためとして、謙信と信玄の和睦を自分が仲介しようと提案している。

この時期、信玄は和睦に応じると言いながらも上杉家臣を寝返らせて上杉領に攻め込もうとしており、謙信は疑念を強く持っていた。実際のところ、信玄は上杉攻めを企むのみならず、この年末には今川氏真《いまがわうじざね》を攻撃して北条氏康に同盟を破棄されるなど、義昭の命令におとなしく従う人物ではない。しかし信長としては、上洛戦の背後を突かれないためには信玄との友好は必須であるため、彼らを宥《なだ》めながらなんとか上洛戦を遂行しようとしたのである。また、三好三人衆と対立した三好義継とも義昭と信長は協力関係を結び、三好勢を切り崩すことに成功した。

義昭上洛戦は、信長が主導して他大名を出し抜いたかのようなイメージが抱かれがちである。だが、謙信や信玄との外交から明らかなように、足利義昭がこれまで展開してきた外交を総合した、さまざまな大名と連携した大規模作戦というのが実態だった。

六角承禎との戦い

『信長公記』によると、八月七日に織田信長は近江国佐和山《さわやま》へ出向き、六角承禎に対して、「天下所司代《しょしだい》」すなわち幕府の京都所司代への就任という条件で上洛への協力を要請した。八月二日の段階で、信長は近江国甲賀郡の武士たちに「近江を通ることが叶わないので出陣する」と述べているから、七月から交渉して実らなかったために圧力をかけたものとみられる。信長も義昭も、京都までの道のりを確保するために六角氏との衝突は避けたかったのだろう。

だが、六角側は信長の要請を断った。かつて六角氏と三好三人衆の同盟が義昭の矢島退去につながったという経緯があり、さらに三好三人衆が足利義栄を将軍にすることに成功していたこともあって、承禎は引き続き三好側と友好関係を継続することにしたのであろう。こうして、義昭と信長の上洛戦は、近江国南部を支配する六角氏を処理しつつ京都を目指すことに決まった。

九月七日、尾張・美濃の兵を率いる信長と、三河国の徳川家康、近江国北部の大名で信長の妹婿である浅井《あさい》長政《ながまさ》、それに伊勢国の勢力を率いて、上洛戦を開始した。近江南部に攻め入り、箕作城《みつくりじょう》（滋賀県東近江市）を佐久間《さくま》信盛《のぶもり》や木下秀吉ら尾張衆に攻撃させて落としたうえで十三日に六角氏の居城観《かん》音寺城《のんじじょう》（同近江八幡市）を攻めようとしたところ、承禎らが落ち延びたため観音寺城を乗っ取った。

こうした情勢によって、六角家臣の中には上洛軍に従う者が続出したため、近江の平定はあっという間に完了した。六角氏は永禄六年（一五六三）の観音寺騒動によって当主と家臣団の間に亀裂が入っていた。騒動はいったん収まっていたものの、永禄十年には『六角氏式目《ろっかくしきもく》』を制定することによって家臣が当主を規制するなど、その関係は歪《いびつ》なままであった。六角家臣の多くは、承禎が国を守れず大名としての役割を果たせなかった以上、もう従う必要はないと考えたのだろう。

南近江を確保した信長は、美濃にいる足利義昭を迎え入れて将軍（候補）の上洛軍であることを明確に示したうえで、同月（永禄十一年九月）末には京都の洛外まで攻め寄せ、信長は東福寺《とうふくじ》、義昭は清水寺に陣を取った。

入京と畿内平定

朝廷を含む京都の人々は足利義昭や織田信長の存在を知っていたはずだが、あまりにも進軍が速すぎたためか上洛軍の到来に恐怖しており、すでに十四日には正親町天皇《おおぎまちてんのう》が信長に「軍勢が京都で乱逆をしないよう命令するように」と命じる綸旨《りんじ》を下していた（「近江蒲生郡志《がもうぐんし》」『大日本史料』一〇―一）。こうした状況への配慮もあってか、上洛軍はそのまま三好勢を追って摂津方面まで進軍し、三好氏の居城芥川城《あくたがわじょう》（大阪府高槻市）を奪取して義昭が入城した。

芥川城には上洛軍と結んでいた三好義継・松永久秀のほか、初期から義昭擁立に動いていた河内国の守護畠山氏、降伏してきた摂津国の池田氏《いけだし》などが出仕した。三好三人衆は四国の阿波国などに撤退しており、京都周辺の国々はひとまず上洛軍の統制下に入った。

この上洛軍について、かつては信長が名目上義昭を担いだにすぎないという見方がなされがちであった。だが、当時の京都・奈良の記録には義昭の上洛に信長が供奉したと記すものがいくつかみられることから、あくまで義昭が主体となった上洛軍と人々からみられていたことが近年は注目されている（久野二〇一七）。義輝殺害直後から将軍候補に名乗りをあげていた義昭を中心としていたからこそ、ここまで早期に京都周辺を押さえることができたのである。

ちなみに、畿内以外の大名が将軍を擁立して京都に入るという発想は、第十代将軍足利義稙《あしかがよしたね》（義《よし》材《き》・義尹《よしただ》）の京都帰還のために中国の大内義興《おおうちよしおき》が上洛したという前例があり、信長の発明ではない。そもそもこの作戦は義昭が長年準備していたものであったことはすでに説明した通りである。

ただ一方で、公家の山科言継《やましなときつぐ》は日記に「尾張から織田信長が近江国の中郡へ出張したそうだ」（『言《とき》継卿記《つぐきょうき》』九月十日条）や「織田出張」（九月二十日条）などと記しており、信長が主体であるとの認識も存在していた。上洛軍の人員構成の中で織田軍の占める割合が高く、大きな存在感があったためにこうした認識が持たれたのだろう。

義昭の征夷大将軍任官

足利義昭滞在中の芥川城は「門前に市をなす」ほど賑わっていたようだが、畿内平定が一段落したため、義昭はいよいよ入京する。十月十四日には六条本国寺《ろくじょうほんこくじ》（京都府京都市）に入り、十六日には細川京兆《けいちょう》家の屋敷へ入った。義昭は芥川城にいる間に朝廷と頻繁に連絡していたため準備はスムーズに進み、十八日に義昭に対する将軍宣下が行われた。こうして、第十五代将軍足利義昭を中心とする幕府が京都に復活したのである。

なお、征夷大将軍といえば、この年二月に義昭のライバル足利義栄が先んじて就任していたはずだが、実は義栄は腫れ物が原因で九月に病死している。三好勢があっけなく畿内を奪われたのは義栄の死による動揺もあったと思われ、義昭・信長にとってあまりにも都合のいいタイミングでの死去であるが、詳細は明らかではない。

信長は幕府復活の立役者であるが京都に長居しようとはせず、十月二十四日に義昭に暇乞いし、一部の家臣を残して二十六日から岐阜へ帰還した。しかし信長が去ることで京都の防備が相対的に手薄になったため、年が明けた永禄十二年（一五六九）正月五日、三好三人衆や、かつて信長によって美濃国から追い出された斎藤龍興らの軍勢が、義昭が移っていた本国寺を襲撃する。この襲撃は、京都の幕臣と信長が置いていった織田氏の留守居《るすい》、それに救援にかけつけた細川藤孝《ほそかわふじたか》・三好義継・池田勝《いけだかつ》正《まさ》らによって撃退された。

信長はこの知らせを聞き、岐阜に来ていた松永久秀をともなってただちに出陣し、十日に京都に入った。その二日後には尾張・美濃のほか、伊勢・近江・若狭・河内・山城《やましろ》・大和・和泉など各国から八万人の軍勢が集まったという（『言継卿記』）。この事実は、義昭が復活させた幕府に多くの大名が従っていたことを示している。ただ、吉田神社の神官吉田兼右は日記で信長のことを「無双之忠」と記している。義昭を救ったのは信長であるという見方がここではなされていた。

義昭が本国寺滞在中に三好勢に攻撃されたことを受けて、信長は義昭には御所が必要であると考えた。そこで、勘解由小路室町《かでのこうじむろまち》の、かつての足利義輝の御所を、義昭の御所として再興することとした（いわゆる二条城《にじょうじょう》。現在の二条城とは異なる）。

信長は、三好義継など諸国の大名とともにこの普請《ふしん》作業にあたり、二〜四月という突貫作業で石垣を備えた本格的な御所を造営した。この造営作業の最中、多くの公家が見物に来ているが、義昭自身はほとんど顔を出しておらず、結果的に彼らは信長に挨拶をして帰ることが多かった。この様子からみると、義昭御所の造営は信長が大名たちを指揮する形で進めていたようだ。こうした実態は、幕府が信長によって支えられているという印象が広がるもとになったものとみられる。

3 室町幕府再興と信長

再興した幕府

足利義昭の将軍就任によって復活した室町幕府は、どのような構造だっただろうか。義昭の幕府については近年再評価が相次いでおり、ここでは久野雅司氏や山田康弘氏の研究に拠りながら概観する（久野二〇一九、山田二〇一一）。

義昭の幕府と各地の大名との関係をみてみよう。織田信長や徳川家康、浅井長政といった東海地方や近江の大名に加え、畿内近国の各国の大名が義昭を支持していたことは、本国寺襲撃直後の動向から明らかである。また、上杉謙信や武田信玄、毛利《もうり》元就《もとなり》などといった畿内から遠い地域の大名も義昭を幕府の新たな首領として認めていた。

幕府には実務を担当する奉行人《ぶぎょうにん》が代々仕えているが、彼らの多くも義昭の幕府に参加している。人員の面でも、義昭の幕府はそれなりの規模となっていたのである。

京都の人々も、義昭の幕府を頼っている。公家や権門寺院・神社といった荘園領主《しょうえんりょうしゅ》は室町幕府に所領をめぐる紛争を裁定してもらうために訴訟を起こすことがよくあり、言い換えればそれが荘園領主にとっての幕府の存在意義の一つとなっていた。この時期にさまざまな荘園をめぐる訴訟について義昭の幕府の裁許状《さいきょじょう》が出されており、多くの訴訟が幕府に提起されていたことが明らかである。当時の認識からいっても、幕府は復活したものとみられていたといっていい。

そもそも幕府には将軍不在の時期もあったし、応仁《おうにん》の乱などでは二つに分かれたり、戦国期には将軍が避難して京都に不在だったりといったように、何度も政治的に不安定な状態を経験してきた。先代の足利義栄は将軍になっても結局京都に入れずに死んでしまっている。そうした点を考えると、信長と義昭によって室町幕府が復活したと評価することにさほど異論はないだろう。

ただ、信長の存在が、幕府にどのような影響を与えていたかという点が大きな問題である。復活した幕府は信長による傀儡《かいらい》政権であったとか、信長の地位はそれほど高くなかったとか、さまざまな議論を呼んできた。この点はやや詳しくみる必要があるので、項を改めて眺めていきたい。

准副将軍・管領

少し遡るが、永禄十一年（一五六八）十月に将軍に就任した足利義昭は、二十二日に将軍就任の御礼のために参内し、その後の能の場で織田信長に、副将軍か管《かん》領《れい》に准じるように勧めた。また、斯波《しば》家の家督を継ぐことも勧めている。ところが、信長はそれらの勧めを断って岐阜に帰国している。この出来事はどのように位置付けられるであろうか。

管領は室町幕府の役職として最も高いものであるが、応仁の乱を経て戦国時代には形骸化し、幕府の特別な儀礼がある時にだけ就任する臨時職となっていた。もう一方の副将軍は本来存在しない役職だが、戦国期には将軍を擁立する大名が（管領に代わって）将軍に意見し支えるという役割を果たしており、それが副将軍に相当するのではないかといわれている。義昭は信長に、管領や副将軍になって幕府運営にたずさわる重臣になってもらおうと期待していたようにみえる。

ただ、管領就任の要請は将軍就任関連の儀式の後であり、戦国期の管領のあり方としては遅い。管領の本来の役割を復活させようと考えていたのかもしれないが、形骸化して久しい管領制を復活させるという発想を義昭が持つだろうか。

そもそも、石崎建治氏らが指摘しているように、義昭が勧めたのは管領や副将軍に「准じる」ことである（石崎二〇一八）。つまり管領・副将軍そのものに任じるのではなく、それらに近い扱いをするということであった。これに関連して、かつて武田信玄が足利義輝に、自分自身の信濃《しなの》国守護への補《ぶ》任《にん》と、息子義信《よしのぶ》を三管領に准じることを申請し、許可されている（『戦国遺文　武田氏編』五八六号）。また、義輝は上杉謙信に対し、管領並の書札礼《しょさつれい》（手紙のマナー）を許可している。これらは管領としての実務や儀式参加を期待したものではなく、三管領家という幕府最高の格式を誇る家と同等の儀礼待遇を認めるものであった。

戦国時代は室町幕府の秩序が意識され続けており、大名たちにとって、高い格式を得ることは他大名より一段上に立つことができるという点で有利であった。したがって、義昭は、信長もそうした格式を喜ぶと思い、功績に報いようとしたのだろう。当然、幕府を軍事的に支える役割を信長に継続してもらおうという思惑もあったと思われる。

信長がこれらを断った理由は史料上からは不明である。この一件は、信長を下位に位置付けたい義昭と、それを避けたい信長との水面下の抗争であるとの見方もされている。だが、信長が義昭の下に付きたくないというのは、後年の対立に引きずられた見方であるように思われる。副将軍・管領待遇が家格の問題だとすると、これを受けると武田・上杉らから警戒されると考えて断った可能性もあるのではないだろうか。

幕府―織田の二重政権

先に記したように、織田信長は足利義昭の将軍就任後に京都に常住しようとせず、すぐに岐阜に帰国していた。それは、幕府再興直後の段階の信長は、自分が幕府の政治を支えるという意識が薄く、また自分の分国《ぶんこく》の経営を重視していたためではないか。しかし幕府をめぐる情勢はそれを許さなかったし、信長自身も結局は一大名を超える動きを示していくことになる。

先に足利義昭による幕府が訴訟解決を行っていたことを紹介したが、この時期の幕府では、判決を伝える奉行人奉書《ほうしょ》に加えて、信長やその家臣もその判決を支持し執行するよう求める文書を出している。これ自体は従来の幕府が行ってきた手続きから大きく異なるものではなかったと評価されているが、織田氏の軍事力に支えられて幕府の運営が成り立っていたことを示す事例ともいえる。岐阜に帰ったのちも信長は義昭の判決を守るよう命じる文書を発給しており、居所にかかわらず幕府運営に携わらざるをえなかった。

ところで、信長は永禄十二年（一五六九）の本国寺襲撃事件の約一週間後に、幕府にかかわる「殿中御掟」「追加」と題する条書《じょうしょ》を作っており、義昭もこれを認めている。内容は幕臣たちの殿中での規範を定めたものであり、公正な訴訟の実現や荘園押領《おうりょう》の排除を目指したものであった。なお、義昭自身がこれを認めていることからわかるように、この掟は将軍義昭を規制するようなものではない。信長は前年十月の幕府再興後にはさっさと帰国していたが、この時は掟を作成した後に、先述した義昭の御所を造営するために四月まで滞在している。本国寺襲撃事件を契機として、信長が幕府運営の正常化に本格的に取り組むようになったことがうかがえる。

信長は永禄十一年冬や、この永禄十二年の三月に、公家たちの所領調査を行った。これは長引く戦乱の中で武士たちが荘園を押領していたためであり、信長はそれを排除して公家や寺社などを窮乏から救おうとしたのだった。信長の調査を受けて、公家や寺院・神社などでは、室町幕府のほかに、織田氏の法廷の方に出訴する動きも出てくる。中世では裁定機関が二重三重に存在しており、訴えを起こす側（訴人《そにん》）は自分の訴訟を受け入れ実現してくれる法廷を自分で選んで出訴するのが普通だった。彼らが織田氏の法廷を選ぶようになったのは、それだけ信長の力が京都の人々に重視されていたということを示している。

織田氏が選ばれたのにはほかにも事情があった。信長が「殿中御掟」に荘園押領を禁じる条文を入れたように、実は義昭に仕える幕臣たちも押領に関与していたのである。義昭は自分に仕える者に与える恩賞を十分に確保できなかったため、幕臣の押領を黙認したり、幕臣を荘園の代官にしたりしていたのだった。公家たち荘園領主としては、幕府に押領排除を願っても埒《らち》が明かないため、所領確保を掲げている信長に頼って押領を排除してもらおうとしたのであろう。信長は幕臣による押領を停止するよう判決を下しており、荘園領主の要望に応えていた（久野二〇一九）。

このように、信長の存在感は、幕府の運営面からみても、京都の人々からの期待からみても、非常に大きい。当時の京都は、幕府と織田の二重の政権によって維持されていたのであった。

天皇からの推任

正親町天皇が、織田信長の上洛以前から支援を要求していたことは以前記した。幕府再興ののち、幕府と信長は、朝廷の求めに応じて京都市中の禁裏御料所の諸役納付を保障する文書を出している。信長は入京直前にも朝廷に献金しており、さらに朝廷が法事費用の献上を三河国の徳川家康・水野《みずの》信元《のぶもと》らに求める際に口利きをするなど、幕府とは別個に朝廷に対する奉仕を行っていた。

このように信長は朝廷に対して独自に支援する姿勢も示しているが、これは幕府を蔑《ないがし》ろにしたものというよりは、朝廷からの要求に応えたものであろう。ただ、中世の武家政権らしく、朝廷に対しては従う一方ではない。たとえば、永禄十二年（一五六九）四月に正親町天皇がキリスト教宣教師を京都から追放しようとする命令を出した際、足利義昭と信長は、両方とも天皇命令を受け入れる必要はないという姿勢を見せている。また、同月、禁裏《きんり》大工《だいく》職《しき》（総官《そうかん》職）を義昭が勝手に補任したことに不満を持った天皇が、信長に義昭への意見を依頼してきたが、信長は「将軍たっての命令なので、大工風情のことで申し入れるのは難しい」と言って断っている。信長は幕府と朝廷双方を支援しており、両者の意見が対立する場合は調整役をつとめざるをえなかったともいえるだろう。

5—正親町天皇画像（泉涌寺所蔵）

義昭御所造営中の永禄十二年三月、天皇は勅使を派遣して信長に副将軍への就任を提案した。ところが信長はこれに返事をしておらず、その後この話は立ち消えになっている。はっきりと断ると角が立つため、返事をしないことで事実上の辞退の意を伝えたのである。

信長は前年に義昭からも副将軍に准じることを依頼され断っている。それを今度は天皇が勧めてきたことになるが、どうもこの勅使は、義昭が朝廷に依頼して派遣してもらったのではないかとみられている（水野二〇一八）。成人した将軍が存在しているのに天皇が横から幕府の人事を勝手に決めようとするのは違和感があり、義昭は本国寺襲撃事件を経て信長への依存をさらに強めていたから、可能性はある。信長が副将軍になって京都の安定により一層寄与してくれるのであれば朝廷としても望むところであっただろう。

だが、信長はこの翌月、義昭御所の完成を見届けたのち、今度は天皇の御所の修復を命じたうえで、岐阜に戻ってしまった。

二　織田政権の成立

1　義昭との微妙な関係

対立の端緒

岐阜に戻って四ヶ月後の永禄《えいろく》十二年（一五六九）八月に、織田信長は軍勢を率いて伊《い》勢《せ》国の北畠《きたばたけ》具教《とものり》・具房《ともふさ》父子を攻撃した。この侵攻予定を毛利《もうり》元就《もとなり》に伝えた朝山日乗《あさやまにちじょう》によると、信長は十万（おそらく過大に記している）の軍勢を用い、十日ほどで片付けて京都に上る予定だったようだ。その後は三好《みよし》三人衆《さんにんしゅう》か、朝倉義景《あさくらよしかげ》を攻めるつもりだったらしい（『大日本古文書　益田家文書』一二九五号）。だが、北畠氏の居城大河内城《おおこうちじょう》（三重県松阪市）攻めに苦戦し、甲賀《こうが》・伊賀《いが》の郡中惣《ぐんちゅうそう》・惣《そう》国一揆《こくいっき》が信長に反発して蜂起したこともあって、最終的な決着がついたのは十月三日（四日ともいう）であった。北畠氏の降伏条件は、信長の次男の茶筅丸《ちゃせんまる》（のちの信雄《のぶかつ》）を養子とし、北畠氏の後継者とすることであった。

この北畠氏攻めの理由ははっきりしない。北畠氏は足利義昭《あしかがよしあき》の第一次上洛計画に参加していたはずであり、幕府に敵対していたわけではなさそうである。軍記によるとこの年五月に北畠一族の木造具《こづくりとも》政《まさ》（具教の弟）が信長側に寝返り、北畠氏が木造氏を攻撃したとある。信長は、木造氏救援を口実として、伊勢国を自分の支配下に置こうとしたのではないか。結果的に時間はかかったものの、具教父子の大河内城退去、田丸城《たまるじょう》の破却などの成果を得た。

十月六日に伊勢神宮に参詣した信長は、軍勢を帰国させる一方で自身は馬廻《うままわり》のみ率いて上洛し、義昭に伊勢平定について報告した。しかし十二日に上洛したばかりの信長は、十七日には美濃《みの》へと下向してしまう。驚いた正親町天皇《おおぎまちてんのう》が信長に消息《しょうそく》（手紙）を送って理由を尋ねたくらいだから、よほど急だったのだろう。

なぜ信長は急遽帰国したのだろうか。奈良興福寺《こうふくじ》の多聞院《たもんいん》の僧英俊《えいしゅん》は、信長は「上意（足利義昭）トセリアヰテ」下った、つまり義昭と意見が対立したために下向したと記している。両者がどの点で対立したのかは史料上にはみられないが、おそらく直前の北畠氏攻めが原因であったのではないかとみられている（臼井二〇一五）。たしかに、この時の信長は義昭派だった大名を勝手に攻めて服属させたことになるので、義昭が咎めた可能性は高く、妥当である。ただ、両者の意見対立はそれのみではなさそうである。項を改めて概観したい。

五ヶ条の条書

永禄十二年（一五六九）十月、京都から急遽岐阜に戻った織田信長は、翌永禄十三年（元亀《げんき》元）年正月に五ヶ条の条書《じょうしょ》を作成している。この条書は、永禄十三年正月二十三日付で、朝山日乗と明智光秀《あけちみつひで》に宛てる信長朱印状《しゅいんじょう》の形で作成され、足利義昭がその袖《そで》（文書の右側の部分）に黒印《こくいん》を据える形で承認された。日乗はこの時期、朝廷・幕府・織田氏の三者に出入りして活躍していた僧侶で、光秀は義昭に仕えていたが幕府再興の頃から信長にも仕えるようになった武士であり、どちらも幕府と織田氏の双方に縁が深い人物であった。

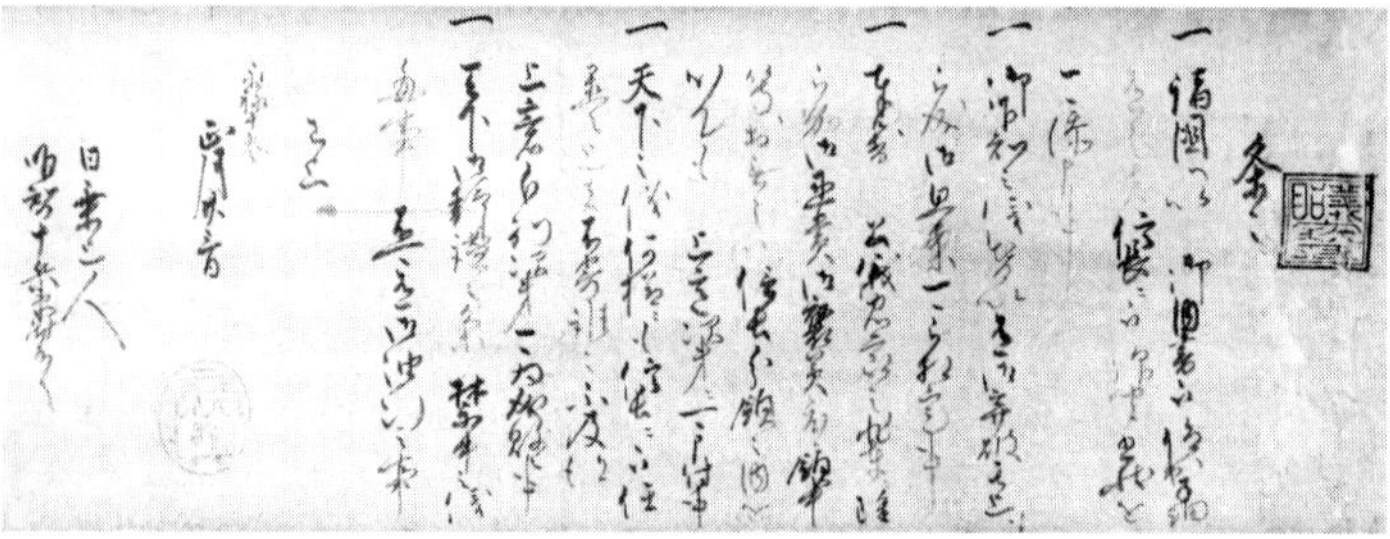

6—五ヶ条の条書（石川武美記念図書館成簣堂文庫所蔵）

条書の第一条は、義昭が諸国の大名に御内書《ごないしょ》を送る時は、信長に相談し、その副状《そえじょう》をつけること、というものである。副状とは、貴人が書状を出す場合に、その内容を補足するために配下の者が記す書状を指す。したがって、将軍として大名に連絡をする場合は信長に話を通すようにする、というのがこの条文の趣旨となる。

第二条は、これまでの義昭の命令をすべて破棄し、よく考えたうえで定めること、とある。かなり曖昧な文であるが、幕府に提起された訴訟に関する義昭の判決を再考することを求めるものではないか。

第三条では、幕府のために功績を立てた者に恩賞として与える土地が足りなければ、織田領の中からでも出す、と定めている。これは明らかに、先に説明した幕臣の荘園押領《しょうえんおうりょう》などを抑止するための条文である。

第四条は、天下のことは信長にお任せになるのだから、誰であっても義昭の許可を得ずとも信長が成敗する、となっている。この条文は、天下（どの範囲・内容を指すかは議論がある）を信長に任せるという前半の言葉が注目されがちだが、後半の、誰でも信長が成敗するという点に主眼がある。信長としては、対立する大名（北畠氏やこのあと戦う朝倉氏など）との戦いに幕府のための戦争という名分を得ることが重要であり、それを義昭に邪魔されないようにしたかったのではないか。

第五条は、天下が平和になったので、義昭は朝廷への奉公を油断しないこと、とある。この場合の天下は京都周辺とみられ、その秩序が安定した以上、義昭は歴代の室町幕府の将軍と同様に朝廷を支える役割を果たすべきである、という信長の意見が出ている条文といえるだろう。

両者の思惑

この五ヶ条の条書は幕府の運営にかかわる重要な内容となっているため、大きく注目されてきた。かつての研究は、両者が対立していたとし、織田信長が足利義昭の行動を制限して幕府を形骸化させた、とみてきた。一方近年の研究では、幕府の実権を奪うようなつもりは信長にはなかったとみている。たとえば、金子拓氏は、軍事・外交のみを信長に委任するという限定された条文であると捉えている（金子二〇一四）。この二つの見解について、たとえば第二条をみると、前半では義昭の命令の破棄を求める一方で、後半ではあらためて義昭が命令するとしており、信長は義昭の命令権を完全否定してはいない。幕府の形骸化を狙っていたとはいいがたいだろう。

それぞれの条文は幕府の運営や将軍としての務めをしっかり果たすよう求めるものともいえる。義昭による幕府運営が緩んでいるとみて、それを正常化するよう定めたのがこの条書であったと位置付けるのが妥当である。

ただ、両者の間に何の対立もなく作成・承認されたとはいいがたい。まず、義昭はこの条書での取り決めを、この後もしばしば破っている（久野二〇一九、山田二〇一二）。義昭が内容に反発していたことは明らかである。義昭から見れば、いかに織田氏の軍事力に依存しているとはいえ、あくまでも自分が将軍であり信長の主人であるという意識が強かっただろう。

信長は、第一条や第四条で幕府の軍事・外交に関与する方針を示しており、前年までよりも幕府に対して積極的姿勢を見せている。しかし京都滞在は相変わらず短いままだったから、姿勢としては中途半端である。信長は幕府の支配を助けるものの、形骸化も私物化もせず、かといって本気で寄り添って改善に尽くすわけでもなかった。信長は幕府の正常化を必要と考えていたが、それは義昭が自助努力して解決すべきとも考えていたのであろう。

このように、義昭と信長の関係は悪化しつつあった。ただし、両者の関係が悪化したからといって、二重政権が即座に破綻したわけではない。かつてはこの頃から義昭が反信長派大名を裏で組織し始めたという見方もなされていたが、証拠となる文書が後年に出されたものであることが明らかになったため、近年の研究では否定的である（柴二〇一四b）。義昭も信長も、この時点では二重政権を解消する意思はなかったとみていい。

この条書を契機として、幕府内の信長の地位が変化したことが指摘されている（水野二〇一八）。書状を記す際の礼法である書札礼《しょさつれい》に、裏書御免《うらがきごめん》というものがあるが、信長はこの時期からそれを用い始める。それは、義昭が管領《かんれい》並の書札礼を信長に与えたことを意味しており、かつて断った管領に准じた儀礼待遇を信長がようやく受け入れたともいえる。

2　敵対勢力の蜂起

朝倉氏攻め

五ヶ条の条書と同時に、織田信長は多くの大名に在京を命じた。興福寺一乗院《いちじょういん》の坊官《ぼうかん》二条宴乗《にじょうえんじょう》がこの命令について日記に書き留めている。その範囲は北畠具教や徳川家康といった東海地方の勢力のほか、畠山《はたけやま》・三好・京極《きょうごく》・浅井《あさい》といった近畿地方の勢力であり、武田信玄や能登《のと》の畠山氏、備前《びぜん》国の勢力（宇喜多《うきた》直家《なおいえ》ら）などの遠方へは名代の派遣を求めている。信玄は載っているが上杉謙信は載っていないことなど、この日記が正確に網羅しているかやや疑問も残るが、おおむね当時の室町幕府に直接服属する大名と外縁部の大名に命じたとみておいていいだろう。

上洛を求めた理由は、禁中《きんちゅう》修理と武家御用、それに天下の静謐《せいひつ》である。禁中修理とは、前年の義昭御所修理の後に命じていた天皇御所の修理のことを指す。ただ実際の修理では、織田氏以外の大名が修理にあたっている様子はみえず、山科言継《やましなときつぐ》も日記で「織田弾正忠《だんじょうのじょう》奇特の沙汰」と、信長単独の功績として称えている。となると、武家御用、つまり室町幕府のために在京を求めるというのが主要な目的だったとみられる。天下静謐については京都の治安維持・警備といったところであろう。

信長はこの永禄十三年（元亀元年、一五七〇）二月末に上洛したのち、四月に諸将を連れて京都を出陣し、若狭《わかさ》国の武藤友益《むとうともます》を攻めた。前述の在京命令に若狭国衆《くにしゅう》が入っていること、同年七月に信長が毛利元就に「武藤が悪逆《あくぎゃく》だから成敗すべきと義昭様の命令があった」と述べていることからみて、上洛命令に従わないことは幕府への反乱であると称して攻撃したのだろう。ところが信長は武藤友益が降伏してすぐ、今度は越前《えちぜん》国の朝倉義景が圧力を加えてきたとして、越前に軍を向かわせ、手筒山《てづつやま》・金ヶ崎《かなさき》（福井県敦賀《つるが》市）の両城を落とした。

信長の言い分によれば、朝倉攻めも、武藤攻めと同様に幕府に敵対する大名を攻撃するという正当性を持っていたことになる。だが、この言い分には疑問がある。そもそも前述のように、信長は前年の北畠攻めの後すぐに三好か朝倉を攻める予定だった（北畠攻めに手間取ったために未遂に終わる）。また、正月の在京命令に、能登の畠山氏は入っているにもかかわらず、それより京都に近い朝倉氏が入っていないことからも、信長が朝倉氏を敵対視していたことをうかがうことができる。信長としては、将軍命令という口実で、幕府軍を率いて強引に朝倉氏を屠《ほふ》ろうとしたのだろう。

それはともかくとして、結局この越前侵攻は失敗に終わった。両城陥落の直後、北近江《おうみ》の浅井長政《あさいながまさ》が裏切ったため、信長は越前を放棄して京都に戻らざるをえなくなったのである。長政はかつて信長の上洛軍によって南近江を奪われた六角承禎《ろっかくじょうてい》とも連携しており、近江国の情勢は南北両面で不安定になっていった。

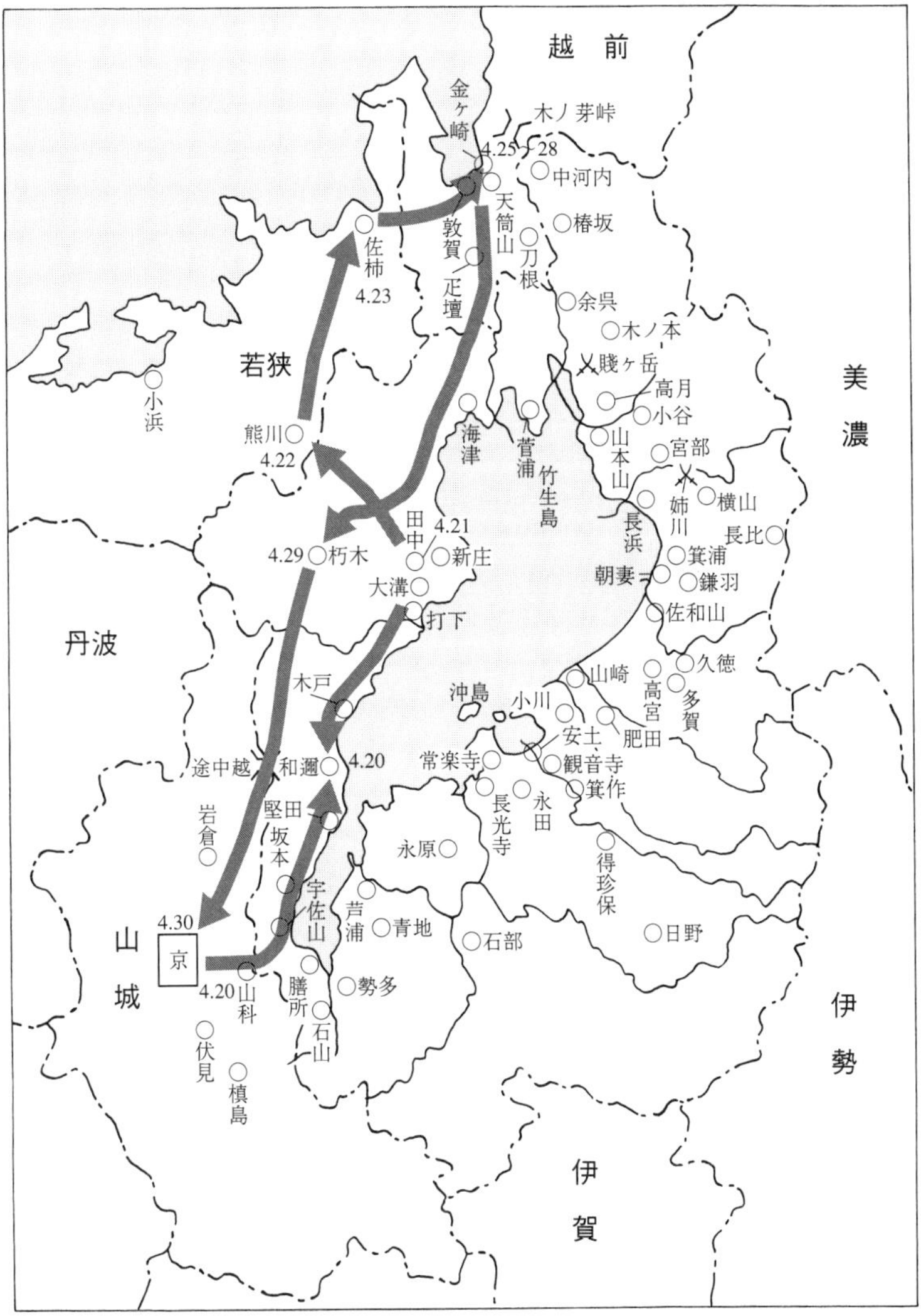

7—元亀元年（1570）越前攻め（谷口克広『戦争の日本史13　信長の天下布武への道』〈吉川弘文館、2006年〉より転載）

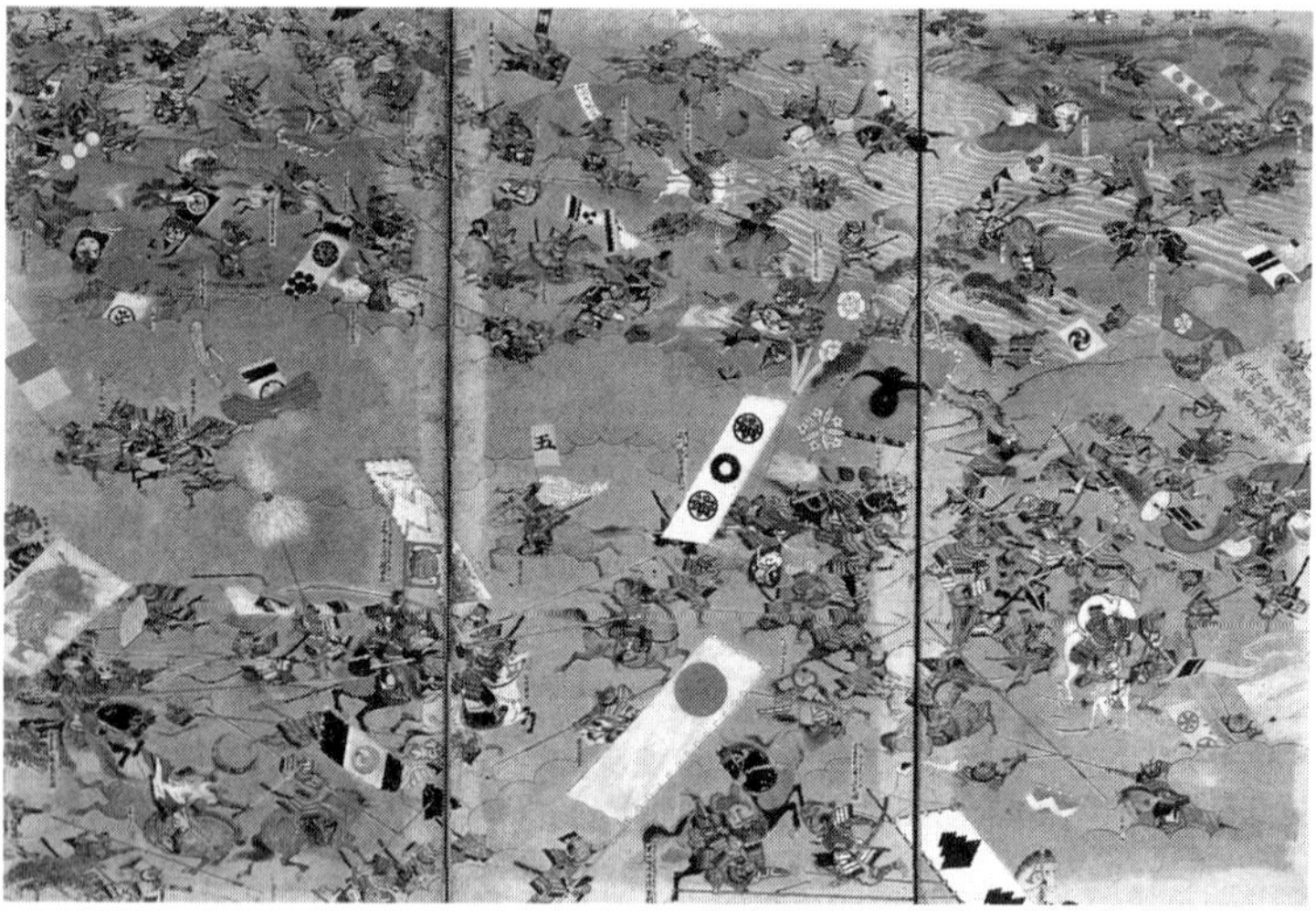

姉川の戦い

浅井長政と織田信長は、信長が美濃の斎藤氏《さいとうし》を攻めている段階で同盟を結んだらしい。その後、足利義昭の上洛戦で協力したことはすでに記した通りである。長政が裏切った理由については、かつては朝倉氏と浅井氏が長年友好関係にあったためとされてきたが、信長の浅井氏に対する扱いや、幕府否定・政権奪取の姿勢が問題となったとの指摘もある（宮島二〇〇八）。これらの中では、浅井氏への扱いに注目したい。先の在京命令を見ても、信長は浅井氏を京極氏に付属する国人《こくじん》として扱っており、かなり低く見ていたことがわかる。幕府の中で信長と長政の存在感には大きな差ができていた。そうした中で行われた強引な朝倉攻めによって、長政は今後への不安を大きく感じたのではないか。

越前撤退から約二ヶ月後の元亀元年（一五七

8—姉川合戦図屛風（福井県立歴史博物館所蔵）

○）六月二十八日、信長は援軍の徳川家康とともに、北近江の姉川《あねがわ》で浅井・朝倉連合軍と戦った。近年の研究では、織田・徳川勢が横山城《よこやまじょう》（滋賀県長浜市）を包囲していたところ、浅井・朝倉勢に奇襲されて始まったのではないかとされている（太田二〇一六）。この戦いは織田・徳川側が勝利し、信長が書状に記した表現によれば取った首の数は数え切れないほどだったという。翌日、京都の山科言継も、明らかに過大な数値だが、浅井勢七、八千、朝倉勢九千六百が討ち死にしたという噂を耳にしている。

ただ、信長は浅井氏の居城小谷城《おだにじょう》（同前）を一気に攻めようと思ったが残党が逃げ込んだ山が険しくて実行は難しそうなので、押さえの砦を作った、とも述べており、戦果は限定的であった。言継も織田・徳川勢が多く死んだと記しているから、織田勢の一方的勝利ではなさそうである。この後も数年間浅井・朝倉両氏は健在であることを考えると、姉川の戦いは両派の争いの一つの局面にすぎない。首が数え切れないというのも信長の誇大な宣伝であったのではないか。

なお、やや遡るが、信長が武藤攻めに出陣した直後の四月二十三日、元号が永禄から元亀へと改められている。室町時代の改元は幕府と朝廷が協議して行うことが多く、この改元も将軍就任直後から義昭が要求していたものの、朝廷側の事情からこの年まで延びていた。いわば義昭にとって念願の改元だったが、この改元頃から、幕府再興によって落ち着きつつあった畿内が再び戦乱に巻き込まれていく。

大坂本願寺の蜂起

朝倉攻めから姉川の戦いの頃と同時期に、四国に逃れていた三好三人衆が渡海し、活動を始める。六月には摂津《せっつ》国の池田《いけだ》勝正《かつまさ》が家臣と対立し出奔《しゅっぽん》、残された家臣が三好三人衆と手を組む事態も起きている。

三好三人衆勢に対しては幕臣や三好義継《みよしよしつぐ》・松永久秀《まつながひさひで》・畠山秋高《はたけやまあきたか》（昭高）らが対処にあたっていたが、信長も八月下旬に岐阜から出陣し、織田勢のほか幕臣や三好義継らを率いて摂津に陣を敷いた。さらに足利義昭も出陣し、根来寺《ねごろじ》や雑賀《さいか》などの紀伊《きい》国の勢力も幕府軍に加わって、三人衆の籠る野田・福島（大阪府大阪市）を攻撃した。ところが九月十三日になり、大坂《おおさか》の本願寺《ほんがんじ》（同前。一般に石山本願寺《いしやまほんがんじ》の呼び名で知られているが、戦国期には石山ではなく大坂と呼ばれていた）が一揆を蜂起させ、幕府軍を攻撃し始める。

なぜ本願寺は幕府軍を攻撃したのだろうか。本願寺は以前から幕府との交流を続けており、信長に対しても上洛以前から交流している。この年正月にも信長に贈り物をしているから、この九月頃に姿勢が変わったことになる。

本願寺の法主顕如《けんにょ》は、各地の寺院に「上洛以来信長が難題を言ってきて、応じてきたが、今度は大坂本願寺を破却すると言ってきた」と述べている。蜂起直前の九月七日の時点で顕如は伊勢国の門徒に「仏敵信長が押し寄せてくるが防ぎきれないので加勢するように」と述べており、『信長公記《しんちょうこうき》』にも「野田・福島が落城したら大坂も危ないと思ったのか」との記述がある。顕如はこのあと破却の話をしなくなることから疑う説もあるが、ここではひとまず蜂起の直接の契機として本願寺破却への危機感があったとみておきたい。他の信長の難題としては、『細川両家記《ほそかわりょうけき》』『足利季世記《あしかがきせいき》』には信長が有力寺院や堺《さかい》に矢銭《やせん》を払わせたとあり、また美濃や尾張《おわり》の真宗寺院の寺内にも新たな課税をしていたという（金龍二〇〇四）。信長の政

9―顕如画像（大阪城天守閣所蔵）

策に本願寺が反発する余地はあったといえる。

この顕如の命令で各地に一向一揆《いっこういっき》が蜂起し、やがて信長はこれを虐殺によって鎮圧することから、思想の違いが対立の原因とする見方も強い。ただ、このあと両者は何度か和睦しており、最終的には信長が本願寺の安全を保護することから、思想的対立を過度に強調することには疑問も出ている。そもそも本願寺は信長にだけ武装・敵対したようなイメージが先行しがちだが、十六世紀の前半には幕府の政争にかかわって一向一揆を何度か蜂起させている。また、よく知られているように、加賀《かが》国では守護の争いに現地の真宗門徒が加担し、この時期になると一揆が国の主導権を握ってしまっている。

実は本願寺は三好三人衆と友好関係にあり、義昭はこの前年にその関係を問い質していた。また、浅井・朝倉・六角らとも以前から関係を結んでいる。この点から、本願寺の蜂起は、反幕府・反信長派勢力と一連のものであり、政治的動機が大きかったと指摘されている（神田二〇〇七）。本願寺は義昭・信長と反義昭・反信長派の両方と関係を結んできたが、三好三人衆攻めにともなって幕府・信長により大坂本願寺が破却・接収される可能性を考慮し、各勢力の誘いに乗って蜂起することを決めたのだろう。

志賀の陣

幕府軍が一揆と戦っている間に、今度は九月十九日に浅井・朝倉勢が一揆とともに近江国の坂本《さかもと》に兵を進め、宇佐山城《うさやまじょう》を守っていた織田信治《おだのぶはる》（信長の弟）や織田家臣森可成《もりよしなり》が戦死した。浅井・朝倉軍が京都を襲うことを懸念した信長は、摂津から陣を引き払い、京都に戻る足利義昭に付き添ったのちすぐに近江に向かうことになる（この先数ヶ月の戦いは志賀《しが》の陣とも呼ばれている）。

浅井・朝倉勢が比叡山《ひえいざん》（滋賀県大津市）に上がったため、信長は比叡山の麓に陣を敷いた。当時奈良で流れていた情報によると、九月二十五日に戦いがあり、その後浅井・朝倉勢が和睦を願ってきたが、信長が断ったとある。『信長公記』によると、信長は延暦寺《えんりやくじ》に「味方すれば山門領《さんもん》（延暦寺領）を返す。どちらにも味方できないなら見逃すように。背くならば延暦寺と日吉大社《ひよしたいしゃ》を焼き打ちする」と脅したが、無視されたという。この段階での信長は、浅井・朝倉勢を殲滅したかったが、延暦寺に遠慮してできなかったのではないか。

そうした中、浅井・朝倉勢が本隊は比叡山に登ったまま少人数を京都方面に下山させて放火したり、三好三人衆勢が摂津・河内《かわち》方面で軍事行動を続けたりといった状況が展開し、三好義継や松永久秀、幕府の奉公衆《ほうこうしゅう》、織田家臣木下秀吉らが対処にあたった。十月四日には山城国の西岡で土一揆が蜂起し、幕府が徳政令《とくせいれい》を発している。伊勢国では長島一向一揆が尾張国小木江城《こきえじょう》を襲い、十一月二十二日に信長の弟信興《のぶおき》が自害する。

状況が膠着したため、信長は浅井・朝倉殲滅という方針を転換せざるをえなくなった。十一月半ばに青蓮院尊朝法親王《しょうれんいんそんちょうほっしんのう》に仲介してもらって本願寺と和睦を成立させ、十一月下旬には松永久秀を仲介者として三好三人衆と和睦、また別途六角承禎とも和睦を成立させる。これによって「惣和談」になったが、同月二十六日に近江国堅田《かただ》（滋賀県大津市）で浅井・朝倉勢と織田勢との合戦があり、坂井政《さかいまさ》尚《ひさ》が戦死するなど、浅井・朝倉勢との対立はまだ解消していない。同月末、義昭と関白の二条晴良《にじょうはれよし》が近江に出向き、天皇命令と将軍命令の両面から和睦を命じたことにより、十二月十四日、浅井・朝倉勢が帰国した。

和睦の条件として朝倉・織田双方が起請文《きしょうもん》と人質を交換し、朝倉義景は将軍義昭に背かないこと、山門領を返却すること、浅井領は分割し織田勢は攻撃をやめることなどが決められた。どうもこの和睦は朝倉と織田の間の和睦として処理されたらしく、浅井長政はなおも対等の存在として扱われていなかったようである（桐野二〇一一）。なお、和睦交渉が始まってから半月を要した理由は、延暦寺がなかなか承諾しなかったことにあった。

こうして、野田・福島の戦いから始まった戦乱はいったん収まった。信長としては、朝倉義景を滅ぼせず、将軍の命令という形で和睦することになってしまったことは痛恨だっただろう。将軍から天下のことを任せられたから誰でも成敗できる、という五ヶ条の条書での名目が、崩れてしまったのである。

余談だが、義昭は十一月七日に早くも改元を朝廷に申請している。元亀改元から半年しか経っていないが、改元以後の戦乱の激しさに嫌気が差したのだろう。だが、改元は実施されずに終わった。

三好義継・松永久秀の離反

惣和談によって浅井・朝倉勢は帰国したが、織田信長は北国《ほっこく》から大坂への通路を規制する命令を出している（足利義昭も追認）。この和睦がすぐに破れることを見越していたのである。ただし朝倉義景から本願寺顕如への年始の挨拶は届いていたようだから、通信の遮断には失敗している。なお、和睦の二週間後に浅井勢と織田勢の小競り合いが確認できるから、浅井氏とはすぐに再戦になったらしい。翌元亀二年（一五七一）の二月には佐和山城《さわやまじょう》（滋賀県彦根市）に籠城していた浅井家臣磯野《いその》員昌《かずまさ》が降伏したため、織田家臣丹羽《にわ》長秀《ながひで》を城代《じょうだい》とした。

義昭は毛利元就と大友宗麟《おおともそうりん》の和睦を以前から斡旋しており、この年も御内書を送っている。信長はそれに副状を出したり、あるいは元就の依頼により山陰の賊船排除の幕府命令を出してもらえるよう取り次いだりしているが、いずれの場合も岐阜にいたようである。将軍と信長が離れた場所にいるという政権運営のあり方は、大きな戦闘をしていない時期でも変わらなかった。

五月に信長は伊勢国長島一向一揆を攻撃した。この戦いに至る経緯は不明であるが、大坂の本願寺との和睦は表立って破れてはいないから、前年に弟を自害に追い込まれたことへの報復だったのだろう。ところが、織田勢が放火し撤退しようとしたところ、追撃を受け、柴田《しばた》勝家《かついえ》が負傷し氏家直元《うじいえなおもと》が戦死するなど大きな打撃を受けた。この直前に、信長は一揆が謝罪してきたので赦免すると徳川家康や幕臣大館晴光《おおだちはるみつ》に送っているから、彼にとってはだまし討ちを受けた気分になったはずである。これが信長の怒りを増幅させ、後年の長島一向一揆への虐殺につながっていく（播磨二〇一〇）。

織田勢が伊勢国で敗戦している頃、上方での情勢に変化が起きた。三好義継と松永久秀が三好三人衆と結び、幕府に属する畠山秋高や和田惟政《わだこれまさ》を攻撃したのである。義継と久秀は上洛以来幕府の軍事力の一翼を担って働き、特に前年の三好三人衆との和睦にも仲介役を果たしていたから、幕府にとっては大きな出来事である。畿内方面での幕府をめぐる状況は、これによってさらに悪化した。

両者が離反した理由としては、三好三人衆と彼らの対立が解消したこと、領地をめぐって幕臣たちと対立したことや、畠山・和田との不和などが影響している（久野二〇一九、天野二〇一八）。さらに付け加えるならば、足利義輝《あしかがよしてる》の頃の三好長慶《みよしながよし》に比べて、義昭政権における義継・久秀の位置付けが低下していたことが、両者にとっては不満だったのではないだろうか。幕府に属していても、義昭からは三好三人衆対策として都合良く使われるだけで、信長ほどの発言力は持てないままだったのである。

延暦寺焼き打ち

長島での敗戦後、織田信長は八月に近江国に出陣した。余呉《よご》・木之本で放火して浅井長政への示威を行ったのち、南近江に南下し、一向一揆の籠る小川・志村を焼き払い、志村城（滋賀県東近江市）を攻め落とした。九月三日には同じく一向一揆の拠点となっていた金ヶ森を攻めて降伏させ、人質を取って赦免した。

その後、九月十二日に比叡山の麓に移動し、焼き打ちを実行する。『信長公記』には、根本中堂《こんぽんちゅうどう》や日吉大社をはじめ、ことごとくが灰燼《かいじん》に帰したこと、老若男女を僧俗問わず数千人を殺害したことが記されている。これによって、長年京都を鎮護するものとして扱われてきた延暦寺はいったん廃絶することになった。

中世の比叡山延暦寺は僧兵を擁して朝廷や幕府にしばしば強訴《ごうそ》してきており、歴代権力は手を焼いてきた。朝廷・幕府と延暦寺が軍事的に衝突する事態も起こっており、たとえば室町幕府の第六代将軍足利義教《あしかがよしのり》の頃に起きた永享《えいきょう》の山門騒乱では、幕府軍の攻撃によって捕まったり討死・自殺したりする僧が多く、山麓の坂本のほか根本中堂も焼けている。ただ、義教は山上まで攻め入ったわけではなく（根本中堂への放火は僧によるもの）、延暦寺の存在自体を否定したわけでもないから、信長の焼き打ちはかなり大きな事件であった。そのため、朝廷もかなり衝撃を受けており、「仏法が破滅したから王法（天皇・朝廷）もどうなるかわからない」という感想を日記に残している（『言継卿記《ときつぐきょうき》』）。

信長は前年、朝倉・浅井への協力を止めなかったら焼き打ちすると通告していたから、それを実行したことになる。ただ、延暦寺を壊滅させ、その後信長は死ぬまで復興を許さなかったから、かなり徹底した弾圧であった。信長は敵対しない寺院に対してはこのような姿勢ではないから、これは単なる仏教嫌いから出た行動ではない。実は信長は、永禄十二年（一五六九）に山門領を押領したとして訴えられている（『お湯殿の上の日記』同年十月二十四日条）。これまでも六角氏などが同様に山門領をめぐって延暦寺と揉めてきており、信長から始まったことではないのだが、この件などから信長の延暦寺への感情は悪化していたのだろう。そのうえで、歴代政権に対して政治的行動を繰り返してきた延暦寺が、幕府・信長に敵対する勢力を公然と支持したことが、彼の過激な反応を生み出した背景にあったと思われる。また、京都周辺の宗教勢力に対して、過度な政治介入をすると弾圧するという意志をはっきり示す意図もあったものとみられる。

三方ヶ原の戦い

年が明けて元亀三年（一五七二）、畿内で三好・松永勢が幕府に敵対する動きを見せたり、七月から九月にかけて織田信長が息子信忠《のぶただ》の具足初《ぐそくはじめ》として近江に出陣して浅井・朝倉勢と戦ったりしているが、十月に情勢が大きく動く。武田信玄が信長と対立する道を選ぶのである（以下の経緯については、丸島二〇一七、本多二〇一九）。

信玄は、永禄十一年（一五六八）に駿河《するが》国の今川氏真《いまがわうじざね》を攻撃する際、三河《みかわ》国の徳川家康に対し、大《おお》井川《いがわ》を境界として駿河国は武田領、遠江《とおとうみ》国は徳川領とするよう約束をしていた。ところが武田勢が遠江に侵入したり、それに対抗して家康が今川氏真の北条《ほうじょう》領退去を許したりと、両者の連携はうまくいかなかった。後者について、せめて家康の今川・北条との和睦をやめるよう説得してほしいと信玄は信長に依頼している（『戦国遺文　武田氏編』一四一〇号）。武田・徳川の板挟みとなった信長は両者の関係を修復することができず、結果として、元亀元年十月、家康が上杉謙信と同盟を結んで信玄と断交した（『上越市史』別編一、九四二号）。これによって、武田と徳川は、ともに幕府に属しながら対立関係になった。

信玄は上杉・徳川同盟に対抗するため、本願寺や朝倉義景と連携していく。信玄が反幕府側につくとは義昭も信長も思っておらず、八月に義昭が、本願寺と信長の間の和睦仲介を信玄に依頼している。信玄はこれを受けて和睦調停の姿勢を示すが、その裏で、本願寺や朝倉・浅井の要請により、織田・徳川領への本格的侵攻を決意する。

信玄は元亀三年十月に徳川領である遠江国への侵攻を開始した。信玄は家康と戦って三年間の鬱憤を晴らすと述べており、家康への長年の遺恨もまた彼の大きな動機になっていた（『戦国遺文　武田氏編』一九七六号）。一方、この頃信長は上杉・武田間の和睦を斡旋している最中であり、完全に寝耳に水だったようで、謙信に「信玄は侍の義理を知らない」と書いて激怒している（『上越市史』別編一、一一三一号）。そして信長は救援のため家臣を派遣したが、十二月、遠江の三方《みかた》ヶ原《はら》（静岡県浜松市）で徳川勢と織田勢は武田勢に大敗する（三方ヶ原の戦い）。その後武田勢は三河・美濃方面で動いていき、信長はそれに対して防備を固める一方、謙信に依頼して背後から攻撃してもらい、武田勢の足を止めようとしていく。

10—武田信玄画像（高野山持明院所蔵、高野山霊宝館提供）

3　義昭追放へ

元亀三年（一五七二）末から翌年初頭の頃、武田信玄の徳川家康領への侵攻と快進撃によって、京都の人々は大きく動揺する。そうした中で、将軍足利義昭が、将軍家伝来の宝物を退避させた。それを見た人々は京都が戦場になると思ってさらに動揺し、幕臣の中にも牢人《ろうにん》の準備をする者が出てきた。

十七ヶ条の意見書

そこで、織田信長は義昭に対し、十七ヶ条の意見書を突きつける（正式な提出時期は諸説ある）。そこには、義昭の動揺が悪影響をもたらしていることへの批判のほか、元亀元年の五ヶ条の条書の内容が守られていないこと、幕臣の賞罰に不公平があることなど、これまでの義昭の姿勢への批判を一斉に書き上げている。最後の条文などは、「民衆が義昭のことを悪い御所だと言っている。足利義教もそう呼ばれていたそうだ」とまで記す。足利義教は将軍でありながら守護に殺害された人物だから、信長は暗に、義昭も義教のような末路を辿るのではないかと恫喝したのである。

信長が義昭に不信感を持った点の一つとして、大名外交における協調の欠如がある。信長は、義昭の御内書には信長の副状をつけるべきという五ヶ条の条書での決まりについて、十七ヶ条の意見書の二条目でふれ、義昭が信長に黙って密かに大名たちに馬を献上させていることを非難している。また十二条目には、大名たちから御礼として贈られた金銀を密かに隠し持っていることを挙げている。これまで幕府の戦力の代表として朝倉や三好・本願寺と戦ってきた信長としては、自分の知らないうちに勝手に他大名が味方になったり敵になったりするとたまったものではなかった。しかも武田信玄の態度の変化を目の当たりにしたばかりだから、義昭に対する疑念も持ったのではないか。

こうした意見書の内容をみると、義昭を擁立して幕府の配下の大名として動いていくという方針に、信長が限界を感じていたことがわかる。なお、この意見書には、朝廷への奉公を怠ったこと、改元を実施すべきなのに怠ったことなども記している。朝廷が信長に義昭への意見を依頼してきていたことは以前も記した通りであり、これらは朝廷の不満を代弁した部分でもあるだろう。また、幕臣についても、義昭が一部を優遇し他を冷遇したので信長を頼る幕臣たちがいたとも記している。意見書は、さまざまな階層からの義昭政権への不満を集約した内容でもあったともいえる。

義昭の蜂起

こうした情勢により、足利義昭は織田信長と訣別することを決意し、近江方面で土豪や一揆を蜂起させたのち、元亀四年（一五七三）二月十三日に蜂起する。この時期に武田信玄や朝倉義景・本願寺の顕如からの誘いが義昭の元に届いており、義昭は織田氏が劣勢であると判断して、彼らを頼ろうとしたのだろう。いわば義昭は信長を見捨ててほかに乗り替えたのであるが、こうした行為は彼だけではなく、戦国時代の将軍がたびたびやってきたことであった。また、義昭の側近の中に、信長との断交をそそのかす者もいたらしい。元亀元年以来蜜月とは言いがたい関係だったところに、信長が過激な意見書を送ってきたことも義昭の決意を促す効果をもたらしたことは想像に難くない。

ところが、義昭の蜂起に対し、信長の行動は迅速であった。まず、信長は義昭に和睦を申し入れて人質と起請文を提出する一方で、二月下旬に近江に出兵し、義昭側が整えようとしていた防衛体制をいち早く潰してしまった。そして、以前から親しかった細川藤孝《ほそかわふじたか》（幕臣）や、荒木村重《あらきむらしげ》（摂津の有力領主）も味方に引き入れた。信長が藤孝に語った言い分は、義昭が「逆心」を起こしたが君臣の間のことなのでこちらから詫びている、義昭様が聞き入れてくれれば「天下再興」となる、といったものである。同時に信長は十七ヶ条の意見書を配布させていたらしく、二月下旬の段階で奈良に写が広まっている。義昭の失政を信長が諫めたところ義昭が逆上して信長を倒そうとした、というイメージを世間に広めることで、信長側に正当性があると主張したのである。

義昭は朝倉・浅井勢の協力を期待していたようだが、上杉謙信が朝倉氏の背後を脅かしていたことや、志賀の陣で懲りた信長が守りを固めていたこともあり、援軍は来なかった。義昭は戦力を増やすために三好義継・松永久秀を赦免したが、信長の進軍を止めることはできなかった。和睦を受け入れない義昭に対し、信長は京都まで出陣して各所に放火し、四月四日、上京を焼き払って決断を促した。結局、朝廷が両者の間に入り、七日に和睦が成立する。この時、義昭が二歳の息子を人質として出したともいう（『上越市史』別編一、一一五二号）。信長はすぐに近江に下って敵対勢力を掃討し、美濃に帰国した。

四月十二日、武田信玄が病死し、織田・徳川両氏は危機を脱した。だが、信玄は自分の死を隠すよう遺言していたため、義昭は信玄の死を知らずに再起を計画してしまう。義昭は早くも五月に本願寺に対して武田・朝倉とともに天下静謐を実行すると述べており、六月には中国地方の毛利《もうり》輝元《てるもと》に対しても協力を求めている。そして、七月三日、二条城《にじょうじょう》を退去して真木島城《まきしまじょう》（京都府宇治市）に入り、再び反信長の兵を挙げた。

義昭の追放

織田信長は五月段階から近江国の佐和山に滞在して大船を建造していた。これは明らかに足利義昭の再起に対応するための準備であるから、義昭の目論見は信長に筒抜けだったとみていい。

信長は情報を得て即座に出陣し、二条城を接収して京都を占領した。そして七月十八日、信長は真木島城を包囲して開城させ、義昭は息子を人質として提出したうえで三好義継の河内国若江城《わかえじょう》（大阪府東大阪市）に退去した。

信長は義昭を追い出したのち、八月初頭には岐阜に戻っていた。そこに浅井家臣が寝返ってきたため、義昭の挙兵のきっかけとなった朝倉・浅井両氏を叩く好機とみた信長は八日に岐阜から出陣し、救援に出てきた朝倉義景を破って追撃、一ヶ月という驚異的速さで両氏を滅ぼしてしまった。元亀年間（一五七〇—七三）を通して信長を苦しめてきた両氏だったが、（知っていたとすれば）武田信玄の病死

11—羽柴秀吉画像（光福寺所蔵）

や、義昭挙兵の失敗によって動揺していたのだろう。また、そもそものきっかけが浅井家臣の裏切りであるように、信長が両氏の家臣に調略をしかけて寝返らせていたことも大きかっただろう。

朝倉氏の一族・重臣の中には、主家の滅亡によって信長に降伏する者も相次いだ。信長は、朝倉氏から奪った越前国を元朝倉家臣の桂田長俊《かつらだながとし》（前《まえ》波《ば》吉継《よしつぐ》。前年に降伏していた）らに任せ、浅井氏の所領であった北近江については横山城代として浅井対策にあたってきた羽柴秀吉（木下から改姓）に与えた。

若江城にいた義昭は、武田・朝倉・本願寺・三好勢を頼るほか、毛利輝元に「その国を第一に思っている」と記して支援を依頼した。そこで輝元は以前からの取次であった羽柴秀吉を通じ、和睦して義昭を京都に戻すよう提案し、信長はそれを受け入れた。もともと織田と毛利は上洛当時から同盟関係にあったから、輝元は信長との無用な争いを避けたかったのである。ところがこの京都帰還交渉は、義昭が信長に人質を要求したことから決裂し、十一月に義昭は紀伊国の由良《ゆら》まで下向していった。義昭の退去後、信長は十一月半ばに若江城を攻撃して三好義継を切腹に追い込み、また松永久秀を降伏させた。

余談だが、この時毛利氏の使者として交渉にあたっていたのが安国寺恵瓊《あんこくじえけい》である。恵瓊は十二月に国許に送った書状の中で「もし義昭様が西国《さいごく》に下向したら一大事だ」と記しており、この時点の毛利氏が将軍を擁立して信長と戦うつもりなど毛頭なかったことがよくわかる（『大日本古文書　吉川家文書』六一〇号）。

天正改元と譲位

ところで、安国寺恵瓊は先の国許への書状の中で、「信長の代は五年三年は保つでしょう。来年頃には公家にもなりそうです。だがやがて転げ落ちるように見えます。羽柴秀吉はさりとてはの者です」という、有名な言葉を記している。織田政権の不安定さと、その後の豊臣政権の到来を予期したものとして知られているが、この中の、来年には公家になりそうという予測はどういった意味を持つだろうか。

足利義昭を真木島城から追い出して三日後、織田信長は突如朝廷に改元の実行を申請した。朝廷が信長に年号の候補リスト（勘文《かんもん》）を見せたところ、信長は天正《てんしょう》を選び、七月二十八日に天正への改元が実行された。

一週間という速さで改元が実行されたのには理由がある。この前年、朝廷は改元をしようと考えて信長と義昭に申し入れており、新元号の調査などもその時に行っていた。ところが、幕府は四月になっても改元の費用を調えず、結局この元亀三年（一五七二）の改元は流れてしまっており、信長も意見書でこの一件を責めている。いわば信長は将軍義昭が果たさなかった改元を代わりに実行したのである。

先にも述べたように、室町時代の改元は、費用などの問題もあり、幕府と朝廷が相談のうえで行われることが基本となっていた。戦国時代に三好長慶が将軍足利義輝を追い出した時期に実施した永禄改元などは例外的事例であるが、この時義輝は自分に知らせずに改元されたと怒り、しばらく新元号を用いなかったほどである。したがって、この改元は、単に元号が変わっただけではなく、朝廷があっさりと義昭追放を受け入れたことを示す出来事であった。

そもそも義昭はあまり参内していないことを信長に意見されているように朝廷を支える意識に乏しかったから、朝廷は前々から信長に頼る傾向があった。前年の改元の際にも、朝廷は信長に相談してから幕府に相談している。ちなみに、これ以前、足利義輝が京都を離れていた頃は、先述のように三好政権を頼る一面を見せている。戦国時代を通して朝廷は、弱体化した幕府でなくとも、支援してくれるのであればどの政権でも受け入れるように姿勢を変化していったといえる。

信長の側も、朝廷のこうした姿勢によって、義昭・幕府ではなく自身が朝廷を支えるべきと考えるようになったとみられる。朝倉・浅井氏を滅ぼした後に岐阜に下っていた信長が十一月に再上洛してきてからは、朝廷と信長は高い頻度で贈答をしあっており、両者の交流が展開されている。そうした中で、十二月、信長は正親町天皇に譲位を実行することを申し入れた。天皇はこれを承諾するが、今年はもう日にちがないから来年にするという理由で信長は延期し、結局実行しないままこの話は流れてしまう。この譲位問題については、天皇を強制的に引退させようとしたとの説もあるが、譲位後の院政という室町期までの伝統を復活させるためという見解が妥当であろう（堀二〇一一）。改元と同様に、信長は朝廷側の期待に応えようとしたものと思われる。

室町幕府の終焉

ここで、足利義昭追放の持つ意義を振り返っておきたい。

まず、この時期の幕府に対する、織田信長が幕府を傀儡《かいらい》化したとか、義昭が元亀二年（一五七一）頃から浅井・朝倉・本願寺・武田らと組んで信長包囲網を構築したといった、かつての見方は成り立たないことはすでに述べてきた通りである。基本的に信長は、京都と物理的に距離を置きながらも、幕府に属す最大勢力として、自領の拡大を目指す方針だったと思われる。信長は朝廷からも頼りにされるなど大きな存在感を持っていたが、一方で信長の行動は反幕府勢力を増やす方向にもつながっていき、畿内情勢は安定しなかった。また、義昭とは外交や幕臣の処遇、朝廷との関係などをめぐって意見が合わず、二重政権を維持しながらも関係が悪化していく。そうした中での武田信玄の軍事行動が、両者の対立を引き起こしたのである。

この時、信長に幕府を滅ぼすつもりがあったかは議論が分かれる。信長は追放直後の義昭を京都に戻すことを承諾しているし、義昭の息子（のちに僧となり義尋《ぎじん》を名乗る）が京都に残ったことを上杉や毛利、伊達などの諸大名に伝えているからである。義昭の代わりにその子を将軍にするつもりだったという見方もできなくはない。ただ、信長はこの子のことをすぐに話題に出さなくなり、その後織田政権の中での存在感は皆無である。やはり、従来の方針を転換し、室町幕府とは異なる独自政権を立てたとみていいだろう。先述した、義昭に代わって改元を進めたという一件もこの点の裏付けとなる。義昭の息子については、自分が政権簒奪や義昭憎しで義昭を追放したのではなく、あくまで義昭の横暴が原因で追い出したということをアピールするための材料として用いたのではないか。

さて、一般的にはこの義昭追放をもって、室町幕府が滅亡したとみられている。一方で、その後も義昭は征夷大将軍の地位であり続け、逃亡先に幕臣を集め、大名たちに命じて信長との戦いを継続していく。また、禅宗の官寺の住持を任命する文書である公帖《こうじょう》は、義昭が発行し続けていた。こうしたことから、幕府は京都から拠点を移しただけで、その後も存続しているのだという見解もある（藤田二〇一〇b）。

たしかに将軍と大名の主従関係は、京都追放後も続く。ただ、京都やその周辺を統治する中央政権という重要な役割を喪失した状態を、以前の幕府と同じ政権とみることには無理があるだろう。この後、朝廷や大部分の寺社が織田政権を幕府の代わりの中央政権とみなしていき、一方の義昭は中央政権に戻れなかったのである。よって、京都に帰ってくることができなくなった時点で、中央政権としての幕府は崩壊・終焉し、以後は亡命政権として義昭が活動していたとみておきたい。

三　信長の覇権確立への道

1　発足した織田政権

室町幕府の追放という形で、織田政権は発足した。ところでこの時、たとえば織田信長が毛利《もうり》輝元《てるもと》に対して「義昭《よしあき》様が天下を捨て置かれたので信長が上洛して取り静める」と述べているように、天下という言葉が使われている（『織田信長文書の研究』三七七）。この天下という言葉について説明しておきたい。

信長と「天下布武」

天下というと、天下統一という言葉からイメージされるように、日本全体を指す言葉とみられてきた。信長が美濃《みの》国を手に入れた頃から使い始めた「天下布武」の印も、日本の統一を目指すという意志を示したものとされてきたのである。だが、近年の研究によってこうした見方は成り立たなくなっている。

天下という言葉の意味をみると、地域を指す場合もあれば概念を指す場合もあるなど多義的であり、①日本全国、②京都周辺（畿内）における将軍・幕府の政治、などの用例がある（神田二〇一三）。美濃攻略直後に用い始めた天下布武は、義昭を連れて幕府を再興し畿内を安定させることを意味していたのではないか、と神田千里氏が指摘しており、本書もこの指摘に従っている。

信長の印章《いんしょう》は、永禄《えいろく》十年（一五六七）から使い始めたものは楕円形型で、元亀《げんき》元年（一五七〇）に馬蹄型の「天下布武」印に切り替え、その後これを使い続けるとともに天正《てんしょう》五年（一五七七）から二匹の竜が彫られた「天下布武」印を少数の文書で使ったという（松下二〇〇〇）。美濃を得た時、それに諸大名を率いて朝倉義景《あさくらよしかげ》を攻撃した時など、ある程度の政治的節目で印章を変えてきたことになるが、印文自体は義昭追放後も「天下布武」のままである。この点については、畿内の安定という目的を、義昭に代わって信長が担うようになったということであったと解釈されている（金子二〇一四）。

特定領域の安定を担う存在として自己を位置付けることに関しては、たとえば今川義元《いまがわよしもと》の「今は今川家が自分の力量で法を定め、国を平和にしている」という言葉に代表されるように（『今川《いまがわ》仮名《かな》目録《もくろく》追加』第二十条）、戦国大名も行っていた。信長の「天下布武」も、そうした自己認識、あるいは政治的アピールへと変化していったということになろう。ただし信長の場合は、京都を含む天下を幕府に代わって平和にするという意味で、外側に向けたメッセージの要素が強かった。

12―「天下布武」印

天正二年（一五七四）正月朔日、岐阜城《ぎふじょう》に京都隣国の面々が集まったという。これ以前の記録は元亀二年（一五七一）のものしかないが、織田氏では元旦に織田信長の居城に集まって儀式をしていたものとみられる。これは室町幕府を京都から追放したのちも岐阜を拠点とする居住形態が変わっていないことを意味しており、のちの安土《あづち》への移住後は安土にこの儀式が引き継がれていく。なお、朝倉義景と浅井久政《あさいひさまさ》・長政《ながまさ》父子の頭蓋骨を飾って酒の肴にしたというのはこの天正二年の出仕の時の出来事である。これは馬廻衆《うままわりしゅう》だけで行ったというから、政治的意図があっての行動ではない。元亀年間に苦渋を舐めさせられたという信長個人の恨みが高じたものとみられる。

長島と越前の一向一揆

この年から、一向一揆《いっこういっき》との戦いがより激しくなる。正月下旬には越前《えちぜん》国で朝倉旧臣同士の争いが起きた末に、一向一揆が国を支配する事態に発展している。また、七月には信長・信忠《のぶただ》父子が伊勢《いせ》に出陣し、長島一向一揆と戦う。伊勢は本拠地尾張《おわり》の隣国で、特に長島は尾張との国境地域にあたり、信長にとって長島一向一揆は厄介な存在であった。前年にも九月末から一ヶ月ほど戦っていたが、その時は帰路に追撃を受けて家臣の林新次郎が戦死している。

この天正二年の長島一向一揆攻めに際して、信長は七月の段階で「根切」すなわち皆殺しを宣言しており、実際に九月に降伏して退城する一揆を襲って虐殺した。また、中江城《なかえじょう》・屋長嶋城《やながしま》（三重県桑名市）に籠る男女二万人を城ごと焼き殺した。さらに、少し間が空くが、翌天正三年八月に越前の一向一揆を攻撃した際も、信長は虐殺を行っている。

通常の戦いでは、非戦闘員を皆殺しにするようなことは珍しいが、これらはいずれも男女を問わずに殺害している。信長は比叡山《ひえいざん》や長島・越前一向一揆、それに後年本願寺《ほんがんじ》に寝返った荒木村重《あらきむらしげ》攻めの際など、人生で幾度かこうした虐殺をしていた。こうした点から、民衆の横のつながりを重視する一向一揆に対し、権力による縦の支配を貫徹するために信長が弾圧した事件としてみられることもある。ただ、すべての一揆を虐殺したわけではなく、天正八年には本願寺との和睦を迎えるから、こうした説には疑問もある（大坂本願寺や武田氏へも「根切」を命じたことがあるが実施していない）。

この虐殺については、民衆に対する長島願証寺《がんしょうじ》や一向一揆が領主失格であるとのアピールだったとする説や、元亀二年に撤退中に攻撃されて大敗したことへの仕返しとする説、大坂本願寺に対する威圧とする説などが唱えられている（神田一九九五、播磨二〇一〇、池上二〇一二）。少なくとも、信長本人は書状の中で鬱憤を晴らしたと記しているから、弟を殺されたり、敗北したり、越前国を奪われたりしたことで、両一揆に憎悪を抱いていたことは確かだろう。

武田勝頼の三河攻め

武田氏では、信玄が死去したのち勝頼《かつより》が家督を継承していた。信玄の病死を隠したままの継承であったが、すぐに噂は広まり、織田信長も足利義昭追放の段階で認識している。織田・徳川勢はすぐに反撃しており、武田勢は両者の領国から撤退していった（丸島二〇一七、本多二〇一九）。

天正二年（一五七四）になると、武田勝頼は二月に織田領の美濃国明知城《あけちじょう》（岐阜県可児市《かにし》）、六月には徳川領の遠江国《とおとうみ》高天神城《たかてんじんじょう》（静岡県掛川市）を落城させるなど、攻勢に出てきた。信長は明知城を救援しようとしたが道が険しくて間に合わず、高天神城の場合も途中で開城してしまうなど、いずれの場合も後手に回っていた。

そうした中、「武田への攻撃をなぜしないのか」と言ってきた上杉謙信に対して、信長は畿内や江北・越前（浅井・朝倉や一向一揆）への対応が忙しかったと言い訳している（『上越市史』別編一、一二二三号）。謙信と信長は義昭追放後も友好関係を維持していたが、同盟を解消させようとして謙信にいろいろと言ってくる者がいたらしく、関係が揺らぎつつあった。信長は、大坂本願寺は畿内の軍勢に任せ、信長自身は近江《おうみ》・美濃・尾張・伊勢・三河《みかわ》・遠江の軍勢で九月上旬に勝頼を攻めると言って、謙信の要望に応えようとしている。ただ、実際その時期には前述の長島一向一揆攻めを行っており、謙信も関東出陣があったため、この年の武田攻めは行わなかった。

大坂本願寺は天正元年十一月に信長と和睦していたが、翌天正二年四月に再蜂起していた。天正三年三月、信長が大坂本願寺攻撃のために出兵する。その話を聞きつけ、近江に潜伏する六角承禎《ろっかくじょうてい》は、勝頼に出陣を要請した。この時期ちょうど徳川家臣の中に武田氏に寝返る者が出てきたこともあり、いい機会と考えた勝頼は、四月中旬に徳川領の三河国に出兵する。

勝頼は五月一日に同国長篠城《ながしのじょう》（愛知県新城市《しんしろし》）を包囲し、徳川家康との決戦を期した。一方、大坂方面に出兵中だった信長は、四月十九日に三好《みよし》一族の三好康長《やすなが》が籠る河内国《かわち》高屋城《たかやじょう》（大阪府羽曳野市《はびきの》）を攻撃して降伏させ、高屋城を破却した。そして京都に寄って細々と指示を与えてから二十八日に岐阜に帰り、五月十三日に長篠城救援に出陣した。大坂攻めは途中で切り上げたことになるが、徳川家康を見捨てると織田領自体の危機につながるため、救援に切り替えたのである（この時はもともと大坂本願寺を本格的に攻撃するつもりはなかったとの説もある。金子二〇一八b）。こうして、桶狭間《おけはざま》の戦いから二重政権期を通して東海地方に大きな影響力を持っていた武田・織田・徳川三家の当主が、初めて同じ戦場で対峙することになった。

長篠の戦い

前年の軍事行動によって織田信長は武田勝頼を強敵と認識するようになっており、『信長公記《しんちょうこうき》』によると信長は三万の織田勢を連れていたという。また、今回は鉄炮の用意を重視していたようで、細川藤孝《ほそかわふじたか》に対して鉄炮の射手や玉薬の準備を命じている（『織田信長文書の研究』五〇九号）。ただ、鉄炮数に関しては『信長公記』の諸本で異同があって千挺とも三千挺ともされており、これらの数字が鉄炮の総数ではない可能性もありはっきりしない。

五月二十一日に両軍は激突し、織田・徳川連合軍が大勝する。武田軍は一族・重臣を含む多くの家臣が討死し、勝頼は本国へ撤退した。『信長公記』から戦いの概要をみてみよう。①信長は損害を避けるため弓・鉄炮を多めに編成した織田・徳川あわせて四千人の別働隊に鳶《とび》ノ巣山《すやま》の武田隊を破らせて長篠城の軍勢と合流させ、武田勢を前後から挟み撃ちする形にした。②武田勢は後詰めの織田・徳川勢へと攻撃を仕掛けるが、信長は馬防柵に籠って鉄炮で応戦するよう指示し、次々押し寄せた武田勢は攻めあぐねて撤退していく。③数時間後、勝頼が軍勢を撤退させようとしたところを織田・徳川勢が追撃し、武田勢が大損害を受ける、という流れで戦いは終わったのであった。

この戦いは、旧来の騎馬隊を用いる武田隊と、新兵器の鉄炮を用いる織田隊の戦い、というイメージが強く、三段撃ちなる戦法とあわせて、信長の先進性を語る格好の材料とされてきた。ただ、よく知られているように、一九九〇年代からこの戦いの研究は飛躍的に進んでおり、右のイメージは塗り替えられてきている（藤本二〇〇三、平山二〇一四）。すべてを紹介することは無理だが、織田軍が三段撃ちによって間断なく鉄炮を放ったというもっとも関心を集めてきた点については、戦国時代に三段撃ち・輪番射撃があったことは確かだが、信長の発案でもないし、長篠の戦いで用いられたとする信頼できる史料はない。武田軍が鉄炮を使わなかったわけでもない（ただし、勝頼は戦後に鉄炮の扱いがうまい者を集めているから、長篠の戦いによって鉄炮への意識が変化したことは確かである）。

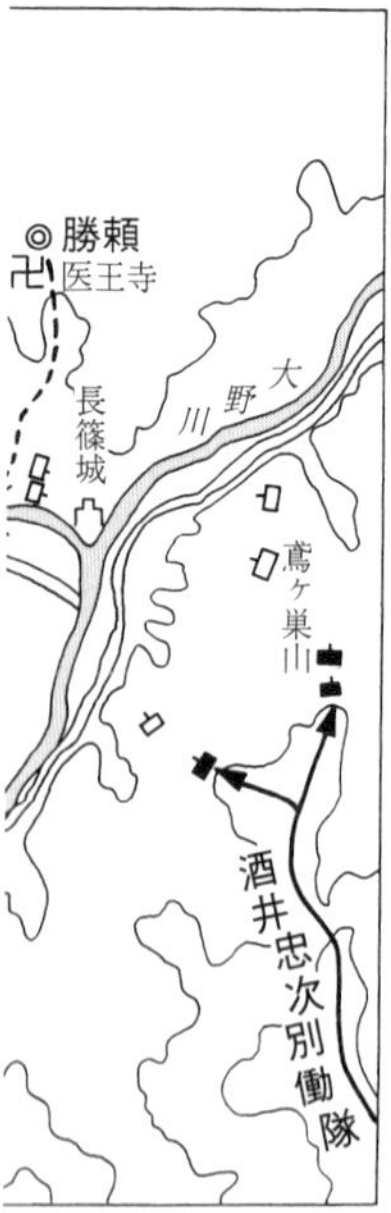

そもそも『信長公記』を信じるならば武田勢と織田・徳川勢では兵力に二倍の差があるから、長篠城勢と織田・徳川の本隊によって挟撃されそうになった時点で武田側が圧倒的に不利であ

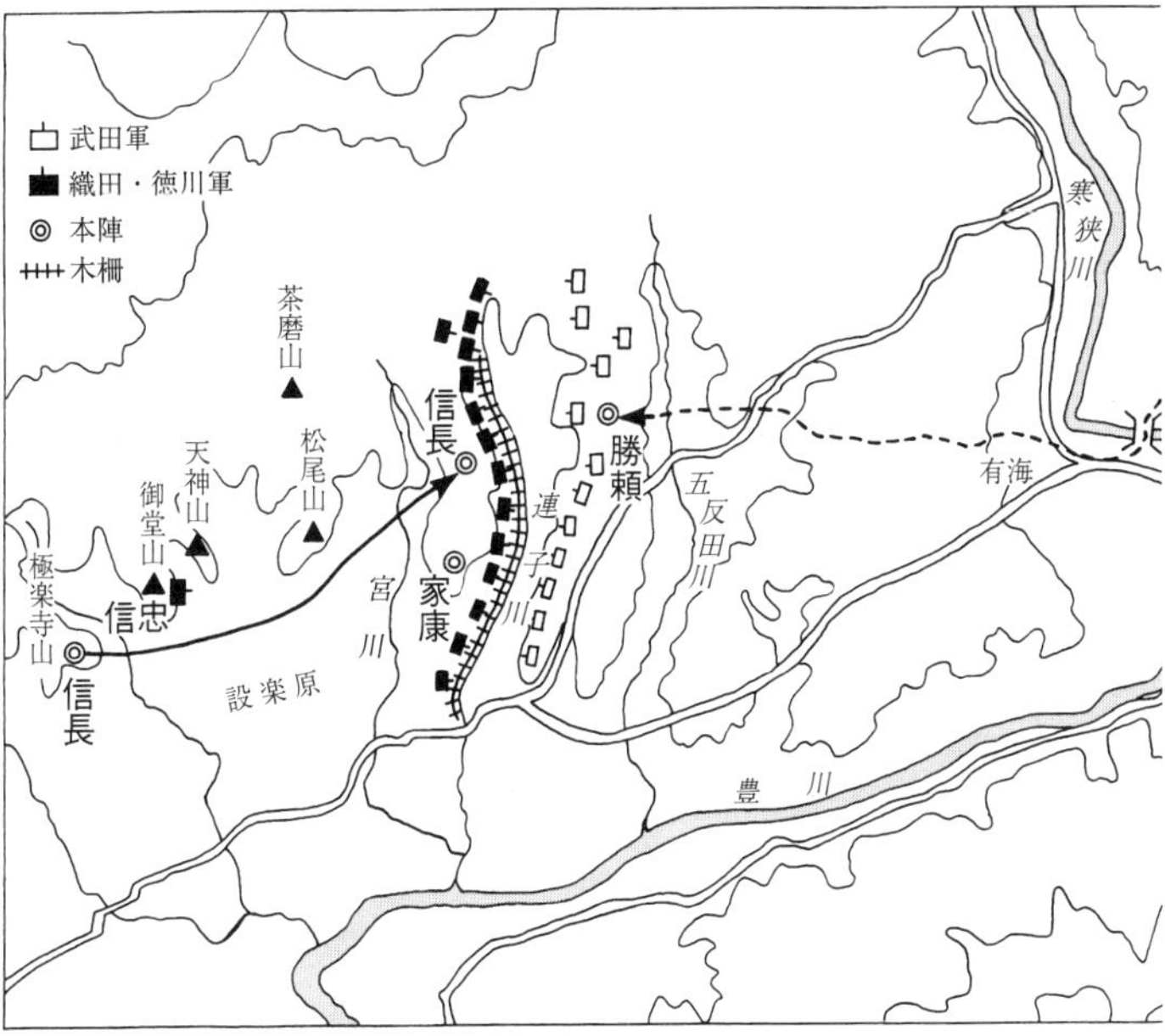

13―長篠の戦いの状況（谷口前掲書より転載）

った。織田・徳川軍の動きが鈍いとみて攻勢に出るという勝頼の判断ミスも大きい（平山二〇一四）。細かな戦い方以前に、戦術レベルですでに織田側勝利の可能性が高かったといえる。

戦後、信長は上杉謙信に、「武田信玄と戦えたならば討ち果たせたところ、死んでしまい残念である。勝頼が出張してきたので好機と思い討ち果たし、勝頼は裸のような状態で逃げていった」と得意げに報告している（『上越市史』別編一、一二五五号）。ただ、謙信が望んでいた武田領への出兵については、信長はやる気を見せたものの、上杉側が越中《えっちゅう》出陣を優先していたため、結局実現しなかった。実は長篠の戦いのの

14—長篠合戦図屛風（3・4扇、大阪城天守閣所蔵）

ち、謙信が勝頼と和睦を結ぶようになるのだが、それはのちに述べたい。

朝廷官位の叙任

織田政権を幕府に代わる政権とみなした朝廷は、織田信長に官位を与えて関係を保とうとしていく。天正二年（一五七四）三月、朝廷は上洛してきた信長に内裏《だいり》の清涼殿《せいりょうでん》への昇殿《しょうでん》を勅許して従五位下の位階を与えて殿上人《てんじょうびと》にしようとした。ただ、信長がこれを素直に受けたかは定かではなく、断ったとみる見解もある（藤井二〇一一）。

信長はこの時、奈良の正倉院にある香木蘭奢待《らんじゃたい》の切り取りを申請し、勅許を受けている。そして三月末に奈良に下向し、実際に蘭奢待を切り取った。これは室町幕府第八代将軍の足利義政《あしかがよしまさ》以来約百十年ぶりの出来事であり、『信長公記』によるとそれ以後の室町幕府の将軍は望んでも果たせなかったという。歴代将軍が望んだか否かはともかく、ここで室町幕府の将軍が想起されていることは示唆的である。おそらく、信長は足利義昭に代わる中央政権の長としての立場を示そうとして蘭奢待切り取りを希望したのであろう。

なお、蘭奢待切り取りについて、正親町天皇《おおぎまちてんのう》が信長に対して怒っていたという見方が強く、それゆえに信長による天皇への威圧だったとの見方もなされていた。だが、近年、金子拓氏が関連史料を読み直し、この一件で天皇と信長は対立していない（天皇の怒り自体がなかった）と指摘している（金子二〇一四）。

長篠の戦いの一ヶ月後、天正三年六月末に上洛した信長は、禁中《きんちゅう》で行われた蹴鞠《けまり》を見物したのち、正親町天皇から官位への叙任を勧められた。ところが信長はこれを断った。信長はこれを契機に、松《まつ》井《い》友閑《ゆうかん》に二位法印、明智光秀《あけちみつひで》に惟任日向守《これとうひゅうがのかみ》、丹羽長秀《にわながひで》に惟住《これずみ》など、家臣たちに新たな名乗りを与えている。

その後、越前一向一揆の鎮圧を終えた信長は、同年十月に再び上洛する。その時の朝廷では摂関家をはじめとする公家たちが洛外まで出迎えに来るという歓待ぶりであり、こうした朝廷からの熱意に今度こそ応えて、十一月上旬に信長は権大納言《ごんだいなごん》・右近衛大将《うこのえたいしょう》への任官を受ける。権大納言は流浪中の足利義昭と同じであり、右大将は源頼朝や歴代の将軍ゆかりの官職であった。ここには、征夷大将軍にこそ任じていないものの、朝廷が信長を将軍代わりに位置付けようとしていたことが如実に表れている。信長もこの任官の際には正式な任官儀式を行うようリクエストしており、彼自身も義昭に対抗する意識を持っていたものとみられる。ただし、権大納言任官は結局略式で行われた（金子二〇一四）。

こうして貴族の一員となった信長は、翌年十一月に正三位内大臣、さらにその翌年十一月に従二位右大臣と、一年おきに昇進していく。

徳政と安堵・給与

天正三年（一五七五）の任官と並行して、というより相互に関連して、織田信長は朝廷・寺社に対してさまざまな政策を行っている（徳政《とくせい》・新地給与については、下村一九九六）。

まず、三月に公家に若干の米を分配したうえで、公家・門跡《もんぜき》の借銭を棄破する徳政を命じた。これは、売却などによって不知行《ふちぎょう》（支配できていない）となっている領地の取り戻しをも認めたものであり、しかも鎌倉幕府や室町幕府が採用した年紀法《ねんきのほう》（不知行から二十年以上経った土地は取り戻せない）の限度を撤廃したものであった。徳政を知った公家たちは自ら借銭破棄・土地取り戻しに動いたほか、織田政権に訴えて取り戻し（あるいは徳政免除）の判決を受けたりした。貴族たちが困窮していて救済する必要があったこと、それに室町幕府がこうした土地関連の訴訟対応や寺社本所領《じしゃほんじょりょう》回復政策に長らく関与してきていたことから、新たな中央政権の責任として解決を図ろうとしたのだろう。もともと二重政権時代から公家知行の調査などを行っていたことの延長線上の政策ともいえる。ただ、さまざまな事情によってうまくいかない場合も多く、この徳政は中途半端に終わった。

半年後、先述のように公家たちに出迎えられながら上洛した信長は、公家所領の調査を行っている。そして十一月、京都周辺の地域で、新たに給与するという形で、公家・門跡に所領を宛行《あてが》った。足利義昭を追放した際に信長は京都周辺の幕府領を接収しており、それを公家たちへの給与に用いたのである。土地を取り戻すためには複雑な権利処理が生じるが、幕府からの政権交代によって空いた土地を新たに与えるのであれば、比較的問題が生じにくい（幕府領になる以前の権利関係などの問題はあるが）。徳政では不十分だった経済支援は、この新知給与によってある程度果たされた。

この新知給与は石高《こくだか》で整理して行われていることも特徴である。石高制自体は他の地域ですでに使われ始めているが（後述）、京都周辺では貫高《かんだか》と混じったり数値化せずに安堵《あんど》したりと、本格的に導入してはいなかった。さまざまな経緯によって得られた複雑な所領構成をとっていた貴族に対し、単純に数値化した知行を与えたという意味で、この新知給与は豊臣・徳川政権につながる画期的政策と評価されている。

なお、この年六月に信長は、常陸《ひたち》国での天台宗と真言宗の相論に対する朝廷の姿勢を問題視して、三条西実枝《さんじょうにしさねき》ら五名の公家を奉行《ぶぎょう》に定めて訴訟対策にあたらせる制度を作った。この制度は数年のうちに廃止になるものの、朝廷政治を正常化することを信長が意識していたことは確かである（堀二〇一一）。やり方こそ異なるものの、朝廷を護る者として、朝廷の運営に関与していた室町時代の将軍のあり方を実践したのだろう。この天正三年は、長篠の戦いの勝利や越前国再占領のほか、信長があらためて自分の立ち位置を朝廷との関係から意識・実践したという意味でも画期となる年であった。

2　反信長連合との戦い

柴田勝家の大名化

先述したように、天正三年（一五七五）は越前一向一揆を滅ぼし、越前国全体と加賀《かが》国の二郡を領国に加えた年でもあった。越前を手に入れた信長は、「前回（天正元年）は浅井攻めもあったから十分に支配をする時間がなかった」と言い、九月下旬まで滞在して支配体制の構築を試みている（『織田信長文書の研究』五三五号）。そして、重臣の柴田勝家《しばたかついえ》を越前の八郡の支配者とし、不破《ふわ》光治《みつはる》・佐々《さっさ》成政《なりまさ》・前田《まえだ》利家《としいえ》の三名に二郡を与えて目付《めつけ》とした。その他、大野郡は金森長近《かなもりながちか》と原政茂《はらまさしげ》、敦賀《つるが》郡は武藤舜秀《むとうきよひで》に与えている。

この時、信長が柴田勝家に九ヶ条に及ぶ掟を書き残したことが非常に有名である。かいつまんで全条文を紹介しよう。①不当な税・労役の賦課をしてはいけない。判断できなければ信長に尋ねよ。②国内の武士を粗末にしてはいけない。大事にし、かつ油断しないこと。領地はしっかり渡すこと。③裁判は公正にすること。当事者が納得しない場合は信長に尋ねること。④京都の公家の所領は、一揆以前に当知行だった土地は信長の朱印状《しゅいんじょう》の通りに返すこと。⑤織田の分国《ぶんこく》では関所を停止しているので越前も同様にすること。⑥大国を預けたので油断せず、武具・兵糧は五年・十年分も用意し、決まった年貢を取り、遊びに耽らないように。⑦鷹狩りは禁止する。ただ、地形の調査のためならいい。勝家らの子どもはやってもいい。⑧功績を立てた武士に与えるために、予備として土地を二、三ヶ所確保しておくこと。恩賞がなければ人は働かない。予備の土地は蔵入地《くらいりち》とすること。⑨何か新しいことが起きて

15—柴田勝家画像（柴田勝次郎氏所蔵、福井市立郷土歴史博物館保管）

も、信長の命令次第にすること。ただし（信長の命令が）無理・非法だと思ったならば抗議すること。とにかく我々（信長）を崇敬して、足も向けないようにすれば、武士として長く活躍できるだろう。

ここでは、勝家に国の支配にまつわる主要な権限（徴税、国内武士の統率、裁判、土地の宛行など）を与えたことがわかる一方、わからなければ聞くようにとか、織田政権全体の命令は守れとか、信長を尊敬するようになどといった言葉が目立つ。特に⑥の「預けた」という言葉を強調して、勝家は越前の国主ではなく代官にすぎず、織田政権の分国すべてに対して強い支配権を行使したのが他の戦国大名と異なる信長の特徴であるとする見方もある。ただ、新恩給与の土地に対してそれを与えた上位権力の側が強い支配権を持つのは中世の一般的傾向であり、越前八郡は信長が与えたものである以上、信長の支配権が及ぶのは当たり前という考え方もできる。実際に勝家による八郡支配が始まってからは、信長はほとんど越前の支配に関与しなかったという実態もある（丸島二〇一一）。

やはり、信長は勝家を、越前八郡を支配する大名クラスの存在にしたと評価したほうがいいだろう。この掟で信長の存在感が強いのは、越前を手に入れるまでの血みどろの経緯や、勝家が初めて国を支配することへの不安によるものとみられる。すでに近江では羽柴秀吉に浅井領、明智光秀に比叡山領を与えており、この後も織田政権の重臣は大名クラスの領地を与えられていくことになる。

安土築城と家督譲渡

これまで強調してきたように、織田信長は二重政権期も織田政権期も、岐阜城を居所とし続けてきた。だが、天正四年（一五七六）正月から近江国に安土城（滋賀県近江八幡市）の築城を始め、二月にはまだ未完成の状態にもかかわらず移住する。安土は織田領国の中心に近い位置であるとともに、陸路と水路（琵琶湖）の両方を用いることができる場所であった。

信長が安土城に移った直接の契機は、前年天正三年の十一月末に織田家の家督を息子信忠に譲ったことにある。信忠は当主となった時点で十九歳だったが、すでに各地での戦闘に参加しており、三週間ほど前には朝廷から父の任官と同時に秋田城介《あきたじようのすけ》に任じられていた。信長は家督譲渡と同時に、星切《ほしきり》の太刀《たち》をはじめとする今まで集めた宝物と、尾張国・美濃国の支配権、それに岐阜城を譲り、茶道具のみ持って佐《さ》久《く》間《ま》信盛《のぶもり》の私宅に移住した。岐阜城を譲って居城がなくなった信長が、次なる居城として作ったのが安土城だったといえる。

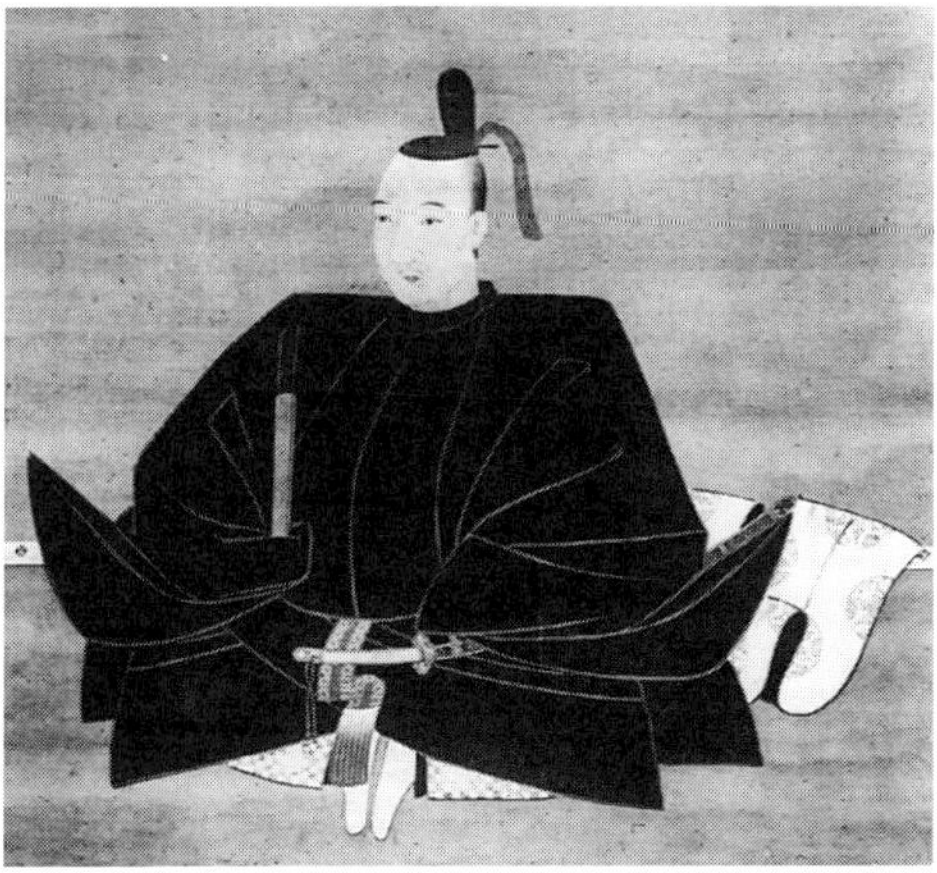
16―織田信忠画像（大雲院所蔵）

信忠は以前から尾張・美濃の支配にかかわる文書を出しており、家督継承によって両国を本格的に支配し始める。なお、家督譲渡といっても、信忠が信長の代理をつとめることはあるものの、信長が引退したわけではない。父子の関係は、織田政権自体の主は信長で、尾張・美濃の大名としての織田家の当主は信忠、という状態になった（木下二〇一一）。

家督の譲渡がこの時期に行われたのは、やはり信長自身にとっても天正三年が一つの区切りだったからであろう。ただ、中央政権としての地位が確立したとはいえ、主な居住地が京都ではないことは変わっていない。京都については、摂関家の二条晴良《にじょうはれよし》の屋敷を接収して自身の屋敷とした（この屋敷は「二条殿御屋敷」「二条御新造」などと呼ばれる）。この時、足利義昭の御所も解体して一部を安土城に転用している。この点については、信長の拠点の整備と義昭の拠点の解体が並行したことから、この段階で信長は義昭の帰還やその息子を擁立することを考えていなかった、と河内将芳氏が指摘している（河内二〇一八）。

義昭の再起

京都追放以後、京都での足利義昭の存在感は減少しつつあったが、彼は天正四年（一五七六）頃から全国的に存在感を発揮しだすようになる。

義昭は天正元年末に紀伊《きい》国由良《ゆら》に下向し、各地の大名に御内書《ごないしょ》を出すなどしていたが、大きな動きを起こすことはできていなかった。ところが、天正四年二月に義昭は備後《びんご》国鞆《とも》（広島県福山市）に下向し、かつて義昭の受け入れを渋っていた毛利輝元と一体になって大々的に活動を始める。

織田信長と輝元は、かつての義昭上洛を契機として友好関係にあり、義昭追放に際しても義昭の処遇を相談しあっていたことは以前記した通りである。だが、中国地方の東部で、織田政権に属す浦上《うらがみ》宗景《むねかげ》と毛利氏に属す宇喜多直家《うきたなおいえ》との対立が起こっており、それが織田と毛利の関係悪化につながっていった。戦国大名が配下の国人《こくじん》を支援し、それが結果的に大名同士の争いになるというのは戦国時代によくある話である。そうしたところに義昭が押しかけてきたため、毛利氏は織田政権との戦いを決意したのであった（柴二〇一四）。

信長にとって悪いことに、北陸方面でも事態が変化した。天正三年八月に越前国と加賀国の二郡を平定したことは以前説明したが、その頃から、越中・能登《のと》・加賀に進出を図る上杉謙信との利害関係が大きく問題となってきたのである。たとえば、信長は越中国守護代《しゅごだい》の神保長住《じんぼながずみ》を支援していたが、謙信は彼と敵対し越中を攻撃している。しかも、同年十月に謙信は、長年対立してきた武田勝頼と和睦を成立させた。この和睦には義昭の斡旋が影響していたという。

こうして、織田との同盟の要であった武田対策という要素がなくなり、北陸方面での領地拡大がぶつかり合うようになった謙信は、天正四年になると義昭の誘いに乗って織田政権との対立を選ぶようになる。六月に謙信は、義昭上洛のために秋に織田領を攻撃する予定であると毛利輝元の叔父小早川《こばやかわ》隆景《たかかげ》に告げている（柴二〇一八）。また、この直前に謙信は長年対立してきた本願寺とも和睦しており、織田政権を共通の敵としていく。

武田勝頼もまた、輝元と同盟を結んでいる。こうして、信長が中央政権を確立させていく裏側で、義昭は各地の有力戦国大名と結びつき、天正四年になって信長包囲網を完成させていくのである。これ以後数年は、織田政権と義昭の亡命政権の対立を核として、政治情勢が動いていくことになる。

天正三年（一五七五）十月、越前一向一揆の虐殺の影響か、三好康長の仲介によって織田政権と大坂本願寺との和睦が成立している。ところが両者とも和睦が長続きするとは思っておらず、案の定翌年には破れた。この和睦の破綻について、本願寺の顕如《けんにょ》は「織田信長が裏切ることは去年から覚悟していた」と記しているが（『大系真宗史料文書記録編一二　石山合戦』）、和睦が破綻する前から本願寺は兵糧を集めており、実際はどちらから破ったかわからない。

本願寺包囲と木津川口の戦い

信長は荒木村重・細川藤孝・明智光秀・塙《ばん》（原田《はらだ》）直政《なおまさ》といった重臣たちを本願寺包囲に向かわせる。信長が彼らに木津《きづ》（大阪府大阪市）の奪取を命じたため、五月三日に三好康長と塙直政らが木津へ押し寄せたところ、大坂勢一万人ばかりが数千挺の鉄炮をもって襲いかかり、塙直政をはじめ多くの者が討死した。大坂勢はそのまま天王寺城《てんのうじじょう》（天王寺砦、同前）へ攻撃をしかけ、佐久間信栄《さくまのぶひで》（信盛の子）や明智光秀らが籠城した。

京都にいた信長は、敗戦を聞いて五月五日に若江まで出陣し、人数が整う間もなく七日に天王寺城を包囲する大坂勢に攻撃を仕掛けた。信長は大坂勢の包囲を突破することに成功し、天王寺城の家臣たちと合流する。そして再び天王寺城を包囲していた大坂勢を攻撃し、退却していく大坂勢を追ってそのまま大坂本願寺まで攻め込んだ。信長は大坂本願寺の周辺に付城《つけじろ》を十ヶ所設け、佐久間信盛や松《まつ》永久秀《ながひさひで》らを天王寺城の定番《じょうばん》として、六月上旬に安土まで撤退した。

七月になると、今度は毛利輝元が村上水軍《むらかみすいぐん》を中心として七、八百艘の大船を用いる水軍を派遣してきた。織田勢は和泉《いずみ》・摂津《せっつ》の水軍を中心に木津川口を三百余艘で守ったが、敵軍の用いる炮烙火矢《ほうろくびや》（爆弾）の威力もあって壊滅させられた。勝利した毛利勢は本願寺に兵糧を渡して帰国していく。天正三・四年の畿内での戦いで、信長は麦薙《むぎなぎ》や苅田をしきりに命じており、兵糧攻めを戦略の柱として位置付けていたようだ。そうした中で、大坂への兵糧補給を許してしまったことは、痛恨の出来事である。このように、信長が構築した大坂本願寺への包囲網は、木津川口の戦いによって水軍方面での弱さを露呈したのであった。

雑賀・根来寺の分裂

大坂本願寺の戦力は浄土真宗本願寺派の信徒だけではなく、特に鉄炮隊として紀伊国の雑賀衆《さいかしゅう》と根来寺《ねごろじ》の協力が大きかった。天正四年（一五七六）の戦いで大坂勢の鉄炮隊が活躍していたことは先に説明した通りで、戦後すぐに信長が「特に雑賀孫一（鈴木重秀《すずきしげひで》）や大坂の主要な坊主を討ち取った」と宣伝していたほど、雑賀衆の加勢は有名であった（『織田信長文書の研究』補遺一七八）。ただし鈴木重秀を討ち取ったというのは彼の勘違いである。

雑賀衆は紀伊国雑賀（和歌山県和歌山市）の土豪集団であり、本願寺に協力してはいるが、浄土真宗の信者はその一部のみであった（武内二〇一八）。また、根来寺（同岩出市）は真言宗であり、当然浄土真宗ではない。よって、この両勢力は本願寺と一蓮托生《いちれんたくしょう》の関係にはなく、二重政権期には幕府側につくことも多かった。特に根来寺の場合は、織田政権期には織田派と本願寺派がいて、両勢力に分裂して参加していた。

大坂本願寺に手を焼く信長がその力を削ぐために雑賀と根来寺に誘いをかけたところ、雑賀五組（五搦《からみ》）のうち三組が織田政権についた。そこで天正五年（一五七七）二月、信長は大軍を率いて出陣し、和泉国貝塚の一揆を攻撃したのち、根来寺杉之坊と雑賀の三組を案内人として紀伊国の雑賀を攻撃させている。この動きに対して、足利義昭・毛利輝元は援軍の派遣を決定しているが、本願寺は大坂から動けず、現地の勢力を励ます連絡はしているものの援軍を派遣する様子はみられない。三月半ば、土橋胤継《つちはしたねつぐ》や鈴木重秀といった雑賀衆が信長に降伏し、雑賀攻めは終了した。

この雑賀攻めに、信長は織田信忠・北畠信雄《きたばたけのぶかつ》・神戸信孝《かんべのぶたか》といった息子たちのほか、滝川一益《たきがわかずます》・明智光秀・丹羽長秀・細川藤孝・筒井順慶《つついじゆんけい》・佐久間信盛・羽柴秀吉・荒木村重といった、織田政権の多くの重臣の兵を引き連れており、その人数は当時の日記に十万とも十五万とも記されている。雑賀衆の軍事力や大坂本願寺からの加勢を警戒していたとも考えられるが、圧倒的大軍による制圧によって木津川口の戦いの敗戦のイメージを払拭する意図もあったのだろう。

なお、織田軍が引いたのち、閏七月に雑賀の二組が本願寺・義昭・輝元らと連携して再び背いている。ただ、再蜂起した二組は雑賀三組と戦っているようだから、雑賀衆の分裂による大坂本願寺の弱体化には成功したものと思われる。

上杉謙信との戦い

天正四年（一五七六）八月、上杉謙信は毛利輝元に宣言していた通り越中・能登方面に出陣し、やがて畠山氏《はたけやまし》が籠る能登国七尾城《ななおじょう》（石川県七尾市）を包囲した。だが七尾城は攻略できず、謙信は天正五年になるといったん兵を引いた。そして同年閏七月に再度出陣し、城内で織田派と上杉派の争いが起こったことにより、九月に七尾城を開城させることに成功した。

信長は柴田勝家ら越前勢を撃退に向かわせるほか、滝川一益・丹羽長秀・羽柴秀吉などの重臣たちをも派遣した（秀吉は勝手に帰ってしまい信長が激怒している）。そして九月二十三日、加賀国湊川《みなとがわ》で上杉勢が織田勢を破り、千余人を討ち取ったという（手取川《てどりがわ》の戦い、同白山市）。この手取川の戦いについては『信長公記』にも記載がなく、証拠となる謙信の書状も疑いが持たれているが、別な書状からみて、加賀国で両軍が戦って上杉勢が勝利し、織田勢が撤退したことは確かであったとされる（柴二〇一八、今福二〇一八）。

17―上杉謙信画像（林泉寺所蔵）

『信長公記』には十月朔日に加賀国御幸塚城《みゆきづかじょう》（同小松市）・大聖寺《だいしょうじ》城（同加賀市）を普請《ふしん》して佐久間《さくま》盛政《もりまさ》・柴田勝家の軍勢を入れたとあり、三日に北陸に派遣した軍勢が帰ってきたと淡々と記されている。このあと信長は後述の松永攻めに取りかかっており、どうも上杉勢に対する全面的な備えを構築する様子がみえない。実は、加賀で織田軍を撃退した謙信は、併合した能登国の支配を固め、越後国春日山《かすがやま》に帰ってしまっている。翌天正六年には下総《しもうさ》国の結城晴朝《ゆうきはるとも》の支援要請を受けて関東への出兵を計画したが、結局、出兵前に倒れ、三月十三日に四十九歳で病死する。足利義昭や毛利輝元は織田領への進軍を期待していたが、晩年の謙信の動きをみると、彼は上杉領の経営や関東大名との関係のほうを重視していたのが実態だったようだ。信長が本格的な上杉対策をしなかったのも、そうした姿勢を見越したものだったのかもしれない。その後の上杉氏は、謙信の養子の景勝《かげかつ》と景虎《かげとら》による後継者争い（御館《おたて》の乱）により、織田領への攻撃どころではなくなっていく。

なお、謙信が北陸に進軍していた八月、松永久秀が天王寺城を抜け出し、大和《やまと》国の信貴山城《しぎさんじょう》（奈良県平群《へぐり》町）に籠城している。信長包囲網の側に寝返った久秀に対して信長は説得を試みるが成功せず、人質となっていた久秀の子を殺害し、息子の織田信忠に北陸帰りの丹羽長秀や羽柴秀吉らを付属させて信貴山城を攻撃させた。十月十日に久秀・久通《ひさみち》父子が切腹して信貴山城は落城し、三好政権期以来畿内で存在感を示し続けてきた松永氏はここで滅亡した。

3　本願寺戦争の終焉

荒木村重の離反

織田政権は足利義昭を京都から追放することによって成立したが、その時室町幕府に従っていた畿内近国の勢力の中には、織田政権に従った者も多かった。摂津国の荒木村重は、同国の国人池田氏《いけだし》の重臣だったが二重政権期に他の重臣たちとともに主人の勝正《かつまさ》を追放しており、また義昭の挙兵の際にいち早く織田信長に従ったことはすでに述べた通りである。これによって信長は村重に摂津国一職《いっしき》＝摂津の支配権を与えたといい、その後村重は摂津の他勢力を軍事的に制圧していった。村重は有岡城《ありおかじょう》（伊丹《いたみ》城を改修、兵庫県伊丹市）を居城とし、塩川氏や高山氏といった自立性の高い国人たちを与力《よりき》とした（天野二〇一〇、下川二〇一一）。

信長は天正六年（一五七八）の元旦に安土で行った正月儀礼で、林秀貞《はやしひでさだ》・滝川一益・明智光秀・羽柴秀吉らと並んで村重を朝の茶に参加させており、彼を織田政権の重臣として位置付けている。村重は摂津国を支配するだけではなく、大坂本願寺の包囲網の一角を担い、播磨《はりま》国にも出兵して現地の勢力を味方につけた。一方で天正五年には羽柴秀吉が播磨国に入国し、中国方面の攻略を担当していくことになる。もともと秀吉は毛利輝元との外交を担当していたから、それが関係したのだろう。ただ、村重にとってみれば播磨攻略の担当を外されたような形になっており、それが信長への不満につながったともみられている（谷口二〇〇五）。

天正六年、四月に毛利輝元が軍勢を派遣し、播磨国の上月城《こうづきじょう》（兵庫県佐用町）を包囲した。信長は秀吉と村重を救援に向かわせる一方、織田信忠その他多くの軍勢を送ったが、六月になって信長は援軍の撤退を命じ、上月城は落城した。この時あるいはそれ以前から、毛利輝元・足利義昭・本願寺が、村重に寝返りを交渉していたらしい。村重は本願寺と同盟を結び、十月下旬に摂津国で挙兵した。これに同調して、播磨国でも小寺政職《こでらまさもと》らが離反している。村重は大坂本願寺に対する付城を破却しており、陸上での本願寺包囲網は大きく崩れてしまった（『大日本古文書　毛利家文書』八三四号）。

信長は村重の説得を試みるがうまくいかず、朝廷に依頼して勅使を出してもらい、本願寺と和睦しようとした。村重と本願寺が一体になって摂津国が敵対してしまえば、織田領国全体の危機にもつながるからである。本願寺は同盟している毛利氏にも勅使を送るよう返答したため、朝廷はその準備を進めるが、結局信長が派遣取りやめを申請して沙汰止みになる。実は信長は並行して荒木配下の武士たちに調略をしかけており、中川清秀《なかがわきよひで》・高山重友《たかやましげとも》（右近《うこん》）がそれに応じた。これによって荒木勢が弱体化したため、信長は本願寺と和睦する必要を感じなくなったのである。

ただ、籠城した村重の守りは堅く、有岡城の包囲はこの年十一月から翌天正七年十二月にかけて、断続的に一年以上続いていった。最終的に、有岡城は城主の村重が尼崎城《あまがさきじょう》に抜け出したことによって開城し、村重の家族などが処刑されている。村重はその数ヶ月後に毛利領へと脱出していった。

鉄甲船の建造

天正四年（一五七六）の木津川口の戦いで毛利氏の水軍に敗北した織田信長は、大坂本願寺攻略のために水軍の強化を試みた。その一つとして、鉄甲船の建造が有名である。

この船は伊勢国・志摩《しま》国の水軍であった九鬼嘉隆《くきよしたか》に作らせたとされ、天正六年七月に和泉国堺《さかい》まで移動させた。『信長公記』によると、この時の船は嘉隆の「大船」六艘と滝川一益の「白船」一艘の合計七艘であった。九月末には信長も堺まで見物に行っており、摂関家の近衛前久《このえさきひさ》なども興味を持って見に行っている。この時、嘉隆は船をのぼり・指物《さしもの》・幕などで飾り立て、このほかに武器を持つ兵が乗った各地の船や、唐物《からもの》を飾った信長の御座船《ござぶね》なども来ており、堺の人々が信長を見るために多く集まってきたという。このような一種の観艦式ともいえる盛大なイベントとなったのは、やはり木津川口での織田水軍の敗戦のイメージを払拭する意図があったものと思われる。

この鉄甲船とされる大船については、大鉄炮を積んでいることは確実で、国内では珍しいものだったらしい。その他の特徴は、『多聞院日記《たもんいんにっき》』によると、五千人が乗船可能で、横七間《けん》（約一三メートル）で縦（長さ）十二～十三間（約二二～二四メートル）という大きさであったという。また、「鉄ノ船」であり、鉄炮が通らないようになっていたとされる。こうした記述から、鉄板によって防御を固めた画期的な鉄甲船だったというイメージが持たれている。

ただ、『多聞院日記』を書いた英俊《えいしゅん》は伝聞で記事を書いており、実際に見たわけではない。少なくともこの船のサイズについてはあまり信用できない。『信長公記』の伝本の一つ『安土日記』には横六間・長さ十八間とあり、こちらのほうが現実的である（桐野二〇一四）。「鉄ノ船」という言葉に関しても、文字通りの鉄製ではなく、本当は黒く塗られた南蛮船《なんばんせん》だったのではないか、とする説もある

（黒嶋二〇一二）。後者は、『多聞院日記』以外の史料には鉄のことが記されていないから、重要な指摘である。ただ、鉄炮を防げるという『多聞院日記』の記述を完全に切り捨てるのも惜しいものがあり、木津川口の戦いで苦戦した炮烙火矢対策として鉄板を貼っていた可能性もある。

この年十一月、毛利水軍六百余艘が木津川口にやってきたが、九鬼水軍の六艘の大船の大鉄炮によって敵の大将の船を打ち崩すと、敵船が近寄らなくなったため、木津浦まで追い払った。こうして織田水軍は前回の雪辱を果たし、海上からの大坂本願寺包囲については有利に進めることが可能になったのである。

大坂本願寺との和睦

このように、天正六年（一五七八）後半から翌年にかけては、荒木村重の離反への対応に一年近くの時間を費やす一方、大船の導入によって摂津・和泉周辺の制海権をある程度握っていた。本願寺は毛利氏から提供される兵糧を荒木側に渡したようで、その代わりの兵糧を送ってもらえるよう天正七年五月に毛利氏に依頼しており、兵糧不足に悩んでいる様子がみられる（『萩藩閥閲録《はぎはんばつえつろく》』三）。

有岡城攻めを終えた織田信長は、天正七年十二月、一年前と同様に朝廷に働きかけ、天皇命令による和睦（勅命講和）を本願寺に命じる勅使を出してもらった。大坂本願寺をこのまま包囲し続けた場合あと何年かかるかわからないし、身近な同盟者だった荒木勢が没落したタイミングであれば本願寺にとっても受け入れやすいと踏んだのだろう。本願寺に勅使が訪れたのは天正八年正月だが、その後

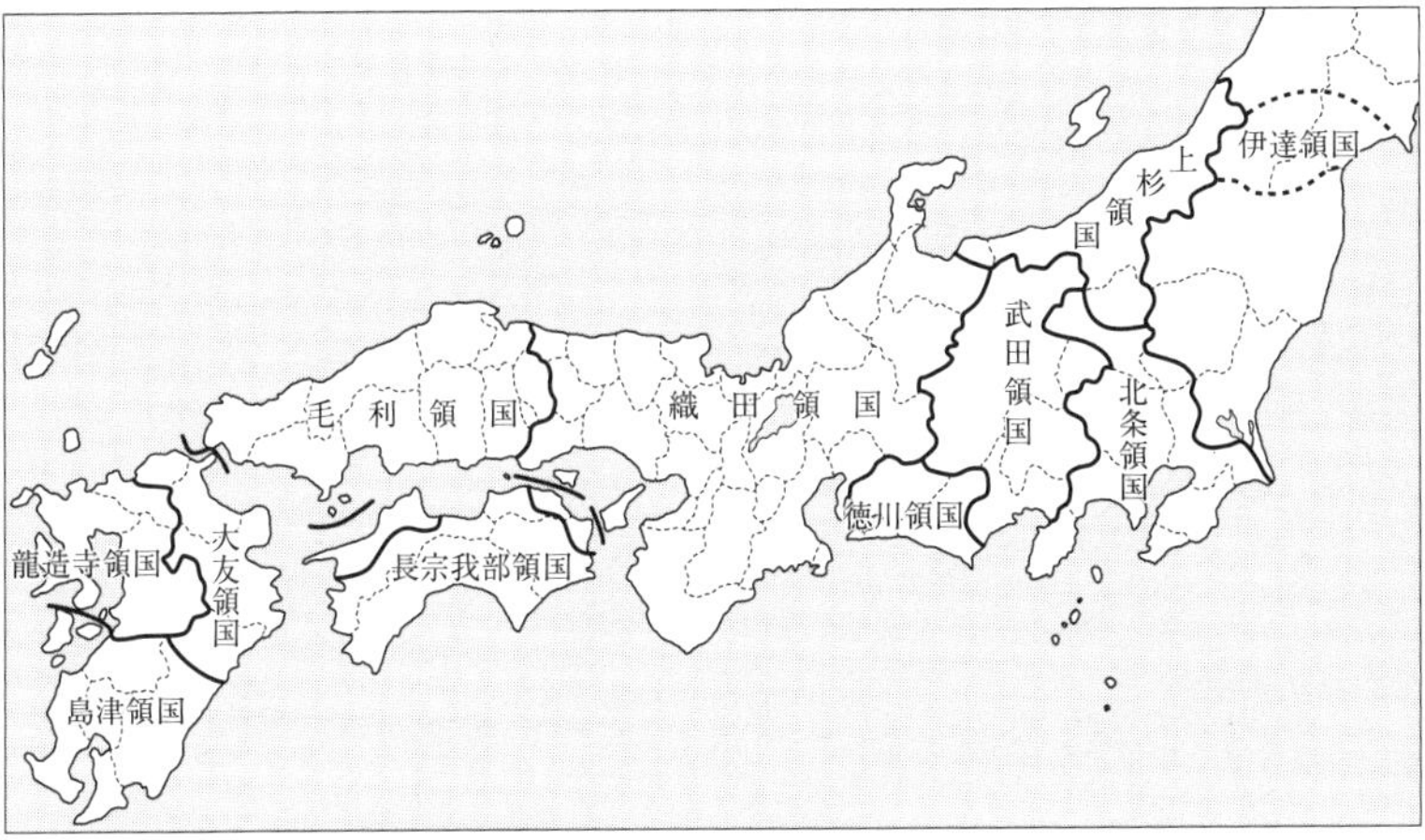

18―天正10年（1582）武田氏滅亡直前の主要大名（有光友學編『日本の時代史12　戦国の地域国家』〈吉川弘文館、2003年〉より転載）

19―教如画像（滋賀県立安土城考古博物館所蔵）

両者で調整が行われたのだろう、三月になって織田と本願寺の和睦が成立した。

信長が提示した和睦条件は次の通りである。①（朝廷が本願寺を）惣赦免《そうしやめん》とする。②天王寺北城に（和睦を斡旋している）近衛前久の人数（人質か）を入れ、大坂から退城した際に太子《たいし》塚《つか》を引き取って勅使を入れる。③人質を念のため遣わす。④行き来する車・馬は今まで通りにする。⑤加賀国の二郡は大坂退城以後何ごともなければ返還する。⑥七月の盆までに（退城を）実行する。⑦花熊・尼崎は大坂退城の時に渡す。

一見してわかるように、本願寺が大坂を明け渡すという、織田政権側の勝利ともいえる和睦であった。

本願寺の法主顕如はこの条件を飲んだが、その子の教如《きようによ》は納得せず、閏三月に不満分子を集めて大坂本願寺に籠城してしまう。顕如は門徒たちに教如への協力を止めるよう説得し、また自身は紀伊国雑賀へ下向することで、和睦を維持しようとし続けた。教如は足利義昭や毛利輝元に援軍を求めるが、結局七月に信長と和睦し、八月二日に大坂本願寺を明け渡した。その直後に火災が起こり、山科本願寺《やましなほんがんじ》焼き打ちから、五十年弱の間、真宗本願寺派の本拠地となっていた大坂本願寺は、焼失した。

これ以後、雑賀に移動した本願寺と織田政権は友好関係となり、一向一揆も起こらなくなる。これまで何度か和睦はあったが、今回の和睦によって、長年にわたる本願寺との戦いは完全に終結となったのである。

四　戦国大名と織田政権

1　東日本の大名との関係

東北の大名と織田政権

織田政権の発足以後、あるいはそれ以前から、織田信長は地方の戦国大名たちと関係を持っていた。本章では、各地の大名との関係について、地域ごとにみていきたい。

東北地方に関しては、陸奥国の伊達《だて》氏との交流がよく知られている。伊達氏は以前から室町幕府との外交を続けており、奥州探題《おうしゅうたんだい》への任命を望んで代わりに陸奥国守護に任じられたりしている。足利義昭《あしかがよしあき》も、将軍就任後に各地の大名に幕府の御料所《ごりようしょ》を求めた際、伊達輝宗《てるむね》に御内書《ごないしょ》を送っており、特に馬の献上を命じている（『大日本古文書　伊達家文書』二七四号）。天正《てんしょう》元年（一五七三）、織田信長が義昭を追放した際には、輝宗は十月下旬に信長に書状と鷹を送っており、中央情勢の変化に素早く対応していた。信長は天正五年閏七月に「上杉謙信は悪逆《あくぎゃく》なので追討するように」と送っており、伊達氏に上杉氏の背後を突かせようとしている。

このほか、天正三年に出羽《でわ》国の安東愛季《あんどうちかすえ》、陸奥国の田村清顕《たむらきよあき》に信長側から使者を送り、鷹を所望したり武田勝頼《たけだかつより》への攻撃に協力を求めたりしている。愛季に対しては天正五年に朝廷に位階を推挙しており、見返りとしてラッコの皮を得ている。このほか、蝦夷《えぞち》地では蠣崎季宏《かきざきすえひろ》、出羽国では大宝寺義氏《だいほうじよしうじ》、陸奥国では南部《なんぶ》宮内少輔《くないのしょう》・大崎義隆《おおさきよしたか》・蘆名盛隆《あしなもりたか》など、多くの東北の領主が使者を派遣したり自ら訪ねて来たりしている（遠藤二〇一六）。これらの交流には、東北の大名側から使者を送ったものもあれば、信長側から鷹や馬の献上を求めたり、政治情勢を伝えたりすることによって始まったとみられるものも多い。馬については先にみた伊達氏に対する義昭の要求と同じだから、幕府に代わる新たな中央政権の存在を東北に知らしめることを意図していたのだろう。

天正三年の時点で「信長に味方することは、天下のため、お互いのために、もっともなことである」と信長は書き送っていたが、東北の大名たちが織田政権を中央政権であると強く実感するのは、関東・甲信地方が織田政権の勢力圏に入ってからだった。天正十年には、東北の大名たちが織田政権を上位の政権として扱うようになっている。

上杉・武田・北条氏との関係

上杉氏と武田氏について、長篠《ながしの》の戦い後や上杉謙信死後の動きを説明しておこう（丸島二〇一七）。

上杉氏と武田氏が、長篠の戦いの後に足利義昭の斡旋によって和睦したことはすでに述べた。武田勝頼は義昭の主宰する信長包囲網の一角を担うこととなったが、領国の立て直しなどに追われたこともあり、織田・徳川領に大規模な侵攻は行えずにいた。

そうした中、謙信が天正六年（一五七八）三月に死去したのち、上杉氏で家督相続をめぐる争いが起こる。謙信には、甥（長尾《ながお》政景《まさかげ》と姉との間の子）の景勝と、北条氏康《ほうじょううじやす》の子景虎《かげとら》の二人の養子がおり、家臣団が両派に分かれて後継者の地位を争ったのである。北条氏政《うじまさ》は当然ながら弟である景虎側を支援し、武田勝頼にも支援を要請した。一方、景勝側も勝頼に和睦を提案し、勝頼はそれに応えたうえで景勝と景虎の和睦を実現しようとするが、これがきっかけで北条と武田の関係が悪化してしまう。結局、天正七年四月に景虎が死ぬ形でこの争いは終わった（御館《おたて》の乱）。北条氏政は同年九月に武田氏との同盟を破棄し、両者は開戦する。

北条氏と戦うとなると、武田氏は織田・徳川・北条の三方面作戦をしなければならなくなる。そこで勝頼は織田信長と和睦しようと試みて、信長の子信房《のぶふさ》が武田氏の捕虜となっていたためそれを帰国させたが、信長は和睦を許さなかった。上杉景勝も天正八年頃から信長との和睦を模索したが、天正九年の馬揃《うまぞろえ》（後述）の際に上杉勢が越中《えっちゅう》の織田勢を攻撃したこともあって、やはり信長側は受け入れていない。実は北条氏政が武田氏との手切れとともに織田政権と友好を結んでおり、信長は弱体化した上杉・武田ではなく北条氏側との同盟を選んでいたのである。

このように、御館の乱のおかげで東国の有力大名間の関係が変化し、その間に織田政権は毛利氏《もうりし》・本願寺《ほんがんじ》との戦いや荒木村重《あらきむらしげ》の離反への対応に力を割くことができたともいえる。しかも、上杉氏が内乱によって弱体化し、武田氏も北条氏との戦いを余儀なくされたわけであり、東国情勢が自然と織田政権側に有利になっていった。本願寺問題が片付いた天正八年から、あらためて織田政権は上杉攻めを本格化し、北陸方面（加賀《かが》・能登《のと》・越中）での軍事行動を活発化させていくようになる。柴田勝家《しばたかついえ》・前田利家《まえだとしいえ》・佐々成政《さっさなりまさ》らは加賀・能登を平定し、越中国の上杉方の重要拠点であった魚津城《うおづじょう》を攻撃している時に、本能寺《ほんのうじ》の変が起こったのであった。

武田氏の滅亡

信濃《しなの》国の国人《こくじん》木曽義昌《きそよしまさ》は武田勝頼の妹婿だったが、領地が織田領の美濃《みの》に近いこともあり、武田氏に見切りをつけて織田氏に寝返った。そこで勝頼は天正十年（一五八二）二月、木曽領へと出陣する。一方信長も、もともと武田氏に対する大規模な攻勢を考えていたこともあり（後述）、木曽義昌支援のため出兵を決意した。駿河《するが》からは徳川家康、関東からは北条氏政、飛騨《ひだ》からは金森長近《かなもりながちか》が攻め込み、美濃からは信長と息子信忠《のぶただ》が二手に分かれて進むこととした（以下の経緯は平山優『武田氏滅亡』〈二〇一七年〉が詳しく論じている）。

美濃からの軍勢は、信忠が先行している。信長は山がちで通路が不便な武田領を攻めることにはかなり慎重であり、信忠隊と信長隊で合流して大人数で進むことで武田領内の者を服属させていこうという戦略を考えていた（『織田信長文書の研究』九六八号）。すでに木曽義昌が寝返っているほか、武田家臣には織田側に内通する者が多くおり、力攻めをせずとも脅すのみで武田領が手に入るはずだったのだろう。ところが若い信忠は先に進んでしまい、勝頼の弟仁科盛信《にしなもりのぶ》（信盛）も籠城する信濃国の重要拠点高遠城《たかとおじょう》（長野県伊那市）を三月二日に落城させてしまった。勝頼は一族の穴山信君《あなやまのぶただ》が徳川氏に寝返ったことに対応するために甲斐《かい》国新府城《しんぷじょう》（山梨県韮崎市）に戻っており、高遠城で織田勢を食い止めるつもりだったが、その作戦は変更を余儀なくされる。結局、勝頼は三月三日に新府城に火を放って放棄し、織田軍の追撃にあって三月十一日に木賊山《とくさやま》（天目山《てんもくざん》、同甲州市）で自害した。

20—武田勝頼画像（法泉寺所蔵）

兵を損じずに勝つという目論見は叶わなかったものの、信長は三《み》方《かた》ヶ原《はら》の戦い以来敵対してきた武田氏を滅ぼし、武田領を手に入れた。信長自身は三月十九日から信濃国の諏訪《すわ》にしばらく滞在し、服属した武田旧臣への対応や武田領の知行《ちぎょう》割などを行っている。その結果、甲斐国は穴山領を除いて河尻秀隆《かわじりひでたか》に、駿河国は徳川家康に、上野《こうずけ》国は滝川一益《たきがわかずます》に、信濃国は森長可《もりながよし》・木曽義昌・毛利《もうり》長秀《ながひで》（秀頼《ひでより》）・滝川一益などに分割して与えた。この時、甲斐・信濃は特に武田氏と縁の深い地域であるためか、天正三年に柴田勝家に与えたものと類似した掟を信長は出しているが、「信長に足を向けるな」といったような気負った文言は消えている。

信長の目的はあくまで武田攻めにあったため、戦後処理を終えた四月十日から、徳川領を通って安《あ》土《づち》へ帰国している。武田領を手に入れたことによって今度は関東と直接隣接することになったが、そのあたりは滝川一益が担当していく。

北条氏の服属

少し遡るが、天正七年（一五七九）、北条氏政は、武田勝頼に対抗するために徳川家康と同盟した。さらに氏政は、織田政権に対しても友好関係を構築していく。『信《しん》長公記《ちょうこうき》』では、この年十月に氏政が武田攻めに出陣したことを「御身方の色を立てられ」つまり織田政権の味方として攻めたと記している。

翌年三月、氏政は信長に太刀《たち》や白鳥・鮑《あわび》などを贈り、北条氏と織田氏の間で婚姻関係を結ぶことが決まった。織田信長は使者に京都と安土を見物させ、また虎皮などを献上するようリストを渡して帰らせている。このように信長は、武田・上杉からの和睦を断る一方、北条氏との関係は深めていった。

21—北条氏政画像（早雲寺所蔵）

この天正八年三月の縁談の約束について、『信長公記』は「関東八州分国《ぶんこく》に参る」、つまり関東が織田政権の分国となったと記している。当時まだ武田氏が健在であり、織田政権の兵は関東に一歩も踏み入れていない。それにもかかわらず、ここでは、北条氏の動きを織田政権に服属するものとして捉え、関東最大の大名が政権の支配下に入ったから関東自体も政権のものになったという論理が記されている。あくまで軍記物の表現ではあるが、作者の太田牛一《おおたぎゅういち》が織田家臣だったことを考えると、当時の織田政権の中ではそうした認識があったのかもしれない。一方これに対する北条氏側の反応は残念ながらわからないが、氏政は翌年六月にも馬を贈っており、友好関係は継続していく。

天正十年二月からの武田氏攻めの在陣中、信長に対して氏政はさまざまな贈り物を何度か送っている。信長は、一部は返却（四月三日の鷹）しているものの基本的には受け取っており、四月二日の雉《きじ》などは「遠国の珍物」として馬廻衆《うままわりしゅう》に下げ渡している。この贈り物攻勢の最中に、氏政は伊豆《いず》の三嶋《みしま》大神社への願文《がんもん》の中で、織田氏との婚姻の早期成立によって関東八州が北条氏のものになるよう願っている（『戦国遺文　後北条氏編』二三二九号）。氏政としては、織田政権との関係を深めれば、自らの関東支配も盤石《ばんじゃく》なものになると考えていたのである。

だが、この武田攻めで北条氏への恩賞はなかった。代わりに滝川一益が上野国を与えられて「目《め》付《つけ》」「東国警固」あるいは「東国御奉行」と呼ばれる立場となって関東の統制にあたっていくのであり、氏政の思惑は外れるのであった。

織田政権と「関東惣無事」

北条氏以外の関東大名についてもみていこう。天正三年（一五七五）、信長は、東北の大名のほかに、常陸《ひたち》国の佐竹義重《さたけよししげ》や下野《しもつけ》国の小山秀綱《おやまひでつな》にも使者を派遣しており、これら関東の大名にも味方することを求めている。翌年には、佐竹義重や下野国の佐野《さの》宗綱《むねつな》の任官を朝廷に執奏しており、中央政権として大名と朝廷を結ぶことで、関東大名を政権側に引きつけようとしていた（金子二〇一八a）。

早くから織田政権とつながった関東の大名には北条氏と敵対している者が多かったが、天正十年の武田氏滅亡によって、北条氏も含めて多くがあらためて織田政権に服属する形となった。先述したように信長は滝川一益を上野国の支配者とし、関東の統制を任せている。一益はこうした関東の大名たちを与力《よりき》とし、指揮下に入れた。また、関東の領主同士の所領紛争を調停した事例もある（柴二〇〇二）。さらに一益は東北地方の大名たちとも外交しており、関東以北をも活動範囲にしていった。

22—滝川一益画像（国立国会図書館所蔵『肖像集』より）

関東では十五世紀の享徳《きょうとく》の乱以来、戦国時代に突入していたが、右のように関東に直接影響力を及ぼすようになった織田政権の出現によって、一時的に鎮静化の方向に向かった。こうした状況について、当時の大名たちは、武田氏滅亡による政権の東国進出を「東国御一統」（東北の蘆名氏の発言）、関東の戦乱の鎮静化を「惣無事《そうぶじ》」（徳川家康の発言）と呼んでいた。前者は東日本が統一されたという認識、後者はすべての「無事」（＝和平）が行われたという認識を示しており、彼ら自身が政権の進出のインパクトを実感していたものとみられる（ただし、「惣無事」はもともと南奥羽の大名たちの間で用いられた和睦形態の名称だった。戸谷二〇〇八）。一益はこうした「惣無事」の秩序を維持・拡大していくことで、東国を織田政権の支配地域へと定着させていこうとしたのだろう。

しかし、先述したように、北条氏政にとってはこの状況は望ましいものではなかった。この年六月の本能寺の変によってこの体制は瓦解し、北条氏は一益を関東から追い出してしまう。それ以後、「惣無事」は、徳川家康や羽柴（豊臣）秀吉によってスローガンとして再利用されていくのであった（竹井二〇一二）。

2　徳川家康との関係

徳川氏と武田氏

ここでは、徳川家康の動向についてみていこう。徳川氏はもともと松平《まつだいら》氏という三河《みかわ》国の国人だったが、桶狭間《おけはざま》の戦いの後に今川《いまがわ》氏から自立し、やがて徳川氏に苗字を改めたことは以前説明した通りである。

これもまた記した通り、家康と武田信玄は、今川領を攻撃する際に協力関係にあったが、遠江《とおとうみ》国への侵攻をめぐって決裂した。そして三方ヶ原の戦い、信玄の死去、長篠の戦いを経て、たとえば信玄によって奪われていた遠江の二股城《ふたまたじょう》を天正三年（一五七五）末に取り戻したように、家康は遠江国と駿河国の武田領にたびたび進出を図るようになる。

遠江の高天神城《たかてんじんじょう》は、武田勝頼が天正二年に徳川氏から奪った（城主小笠原《おがさわら》氏を降伏させた）城である。勝頼は徳川勢の攻撃に対応するために、城主の小笠原信興《のぶおき》を転封《てんぽう》し、今川旧臣の岡部《おかべ》元信《もとのぶ》を入れた（時期については諸説ある。丸島二〇一七、本多二〇一九）。家康は天正五年から高天神城攻略に取り組むようになり、勝頼が幾度か救援のために出陣している。しかし、勝頼の救援はやがて途絶え、家康は天正九年三月に高天神城を奪還した。

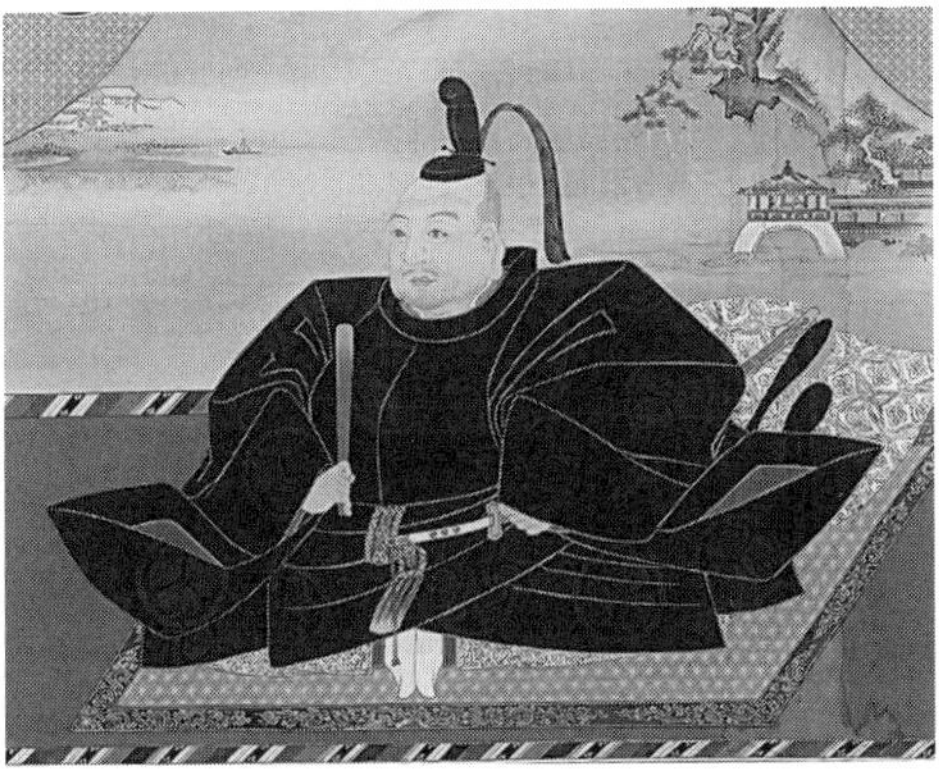

23—徳川家康画像（大阪城天守閣所蔵）

この高天神城攻めの最終段階について、信長が語ったことが非常によく知られているため、紹介しておきたい。信長は天正九年正月に水野《みずの》忠重《ただしげ》に向けて書いた朱印状《しゅいんじょう》の中で、「高天神城の武田勢が、小山城《おやまじょう》・滝坂《たきざか》城と合わせて明け渡すと言ってきている。（中略）信長は一、二年のうちに（武田領の）駿河・甲斐に出陣するが、難所を越えて遠征することは難しい。勝頼が（高天神への）後巻《うしろまき》として境界まで出陣してくれれば、手間もかからずに叩いて両国を手に入れられる。（勝頼が）後巻をせず、高天神・小山・滝坂を見捨てたとなれば、その噂によって駿河の小城は保てなくなるだろう」と述べる（『織田信長文書の研究』九一三号）。信長は、高天神城の降伏による部分的勝利よりも、勝頼をおびき寄せて一挙に叩くか、高天神城を勝頼に見捨てさせて武田家臣の動揺を誘発するかという、大局的勝利を狙うよう家康に指示したのである。

戦国時代の武士は、自分の収入や自分の家を守るために大名に従うという側面が強く、遠江や駿河といった武田氏にとって外様《とざま》にあたる地域の武士にとってはそれがより顕著であったと思われる。大名が家臣や国人を見捨てた場合、彼らはその大名に従う気持ちが薄れてしまうのである。信長はその点をよくわかって指示を与えており、前述のように実際に武田氏は家臣の裏切りによって崩壊していくことになる。

ところで、信長はこれを他人事のように語っているが、かつて彼も、天正六年に播磨《はりま》国上月城《こうづきじょう》の後巻を解除させ、籠城していた尼子勝久《あまごかつひさ》・山中鹿介《やまなかしかのすけ》を見捨てている。荒木村重が離反した際に播磨では小寺政職も離反したが、これは上月城の顛末も影響していた可能性があるだろう。信長の発言の背景には、三年前のその経験があったのかもしれない。

松平信康事件

高天神城が落城する以前、徳川家康の後継者である松平信康《まつだいらのぶやす》が切腹する事件が起きている。信康は家康の長男であり、家康が遠江国を得て浜松城《はままつじょう》（静岡県浜松市）に居城を移したため、元の居城であった三河国岡崎城《おかざき》（愛知県岡崎市）を与えられた。妻は信長の娘五徳であり、彼の実名《じつみよう》の「信」は織田信長から一字拝領《いちじはいりよう》したものであった。

さて、その信康は天正七年（一五七九）に切腹させられるのだが、それはなぜであろうか。徳川家臣大久保忠教《おおくぼただたか》が十七世紀に記した『三河物語《みかわものがたり》』には「五徳が父信長に、信康に対する十二ヶ条の批判を送ったため、信長が徳川家臣酒井忠次《さかいただつぐ》を召し出して尋ねたところ、忠次はその内容を肯定した。信長がそのような者ならば役に立たないので切腹させるようにと命じたため、家康は背くわけにもいかず信康を切腹させた」といった経緯で描かれている。五徳の動機は、夫婦の間に娘しか生まれず、夫婦仲が悪化したためという。『三河物語』は、信長親子の横暴によって立派な後継者を失った悲劇としてこの事件を描いているのである。

だが、徳川家臣の松平家忠《まつだいらいえただ》の日記や、十七世紀に作られた他の史料（『松平記《まつだいらき》』『当代記《とうだいき》』）の検討によって、『三河物語』の描き方に問題があることが指摘されている。信康は武勇に優れるものの荒々しい性格で父家康や信長を軽んじており、また男子が生まれなかった五徳は、信康のみならずその母（家康の妻）築山殿《つきやまどの》との関係も悪かったという（『松平記』）。家康自身がこの年六月に仲裁のため岡崎に行っているが、両者の関係は改善されなかったのだろう（『家忠日記』）。また、築山殿は武田氏と内通して信康を裏切らせようとしていたともされる。家康としては、謀反を企む妻と子を放置するわけにはいかない。そこで、信長と相談のうえで八月上旬に岡崎城から追放し（『当代記』）、その後九月に切腹させた（築山殿もそれ以前に殺害）というのが真相らしい。

背景としては、長篠の戦いの後も続く武田氏との戦いによって徳川家中が疲弊していたことが挙げられる。徳川氏の一部が、織田政権に従って戦争を続けることに疑問を持ち、武田側と和睦しようとしたことがこの事件につながったという（柴二〇一七）。いわば外交方針をめぐる徳川氏内部の対立が原因だった。

同盟か臣従か

徳川家康は長男信康の処置について織田信長に相談・報告していたが、家康と信長の関係はどのように捉えるべきであろうか。最初は同盟関係であり、足利義昭の幕府が復活した際も同格の大名として参戦している。その後、信長が行う戦いに幾度か援軍として参加しており、信長が死ぬまで関係は途切れていない。

ただ、両者がずっと対等だったわけではない。人々が交わす書状などの文書の書札礼《しょさつれい》（書き方のマナー）は、上下関係の変化と連動して変化するのが一般的である。信長から家康に送った書状・印判《いんばん》状《じょう》の書札礼の変化を検討した平野明夫氏によると、義昭追放までは対等な書き方だったのが、その後家康を下位とする書き方に変化するという（平野二〇〇六）。その逆の家康から信長に対する書状は、義昭追放後のものしか残っていないが、上位者に対する書き方である。義昭追放、それに信長の任官などもあって、両者の間では決定的に上下関係ができたといっていい。

さらに平野氏は、軍事指揮の側面も検討している。二重政権期は、信長の戦いに対する徳川の援軍が将軍義昭からの命令によってなされることがよくあり、これは両者が対等だからこそとみられる。

ところが義昭追放後の天正三年（一五七五）、長篠の戦いに際して、『信長公記』は「徳川氏は国衆《くにしゅう》なので先陣とした」と記している。国衆・国人は、大名に服属している有力領主を指すことが多いから、家康を下位の立場とみていることになる。天正九年には、徳川氏の遠江国横須賀城《よこすかじょう》に、織田氏が番手《ばんて》を派遣しており、これは徳川の城を信長が自分の領内の城とみなしていたものと指摘されている。軍事面でも、信長は家康を自身に従う存在として扱うようになっていったとみていい。

こうしたことから、天正三年以後、織田氏が徳川氏を臣下として位置付けており、信康について家康が報告したのもそのためであった、と平野氏は指摘している（平野二〇〇六）。武田勝頼を滅ぼした際に、信長は旧武田領を家臣たちに分配しており、その際に駿河国を家康に与えている。これも、同盟者として譲ったのではなく上位の政権としての給与だったのだろう。ただし、正月儀礼や馬揃えなど、織田家臣や一族が呼ばれる行事に家康は参加していないから、完全に家中の一員になったわけではなかった。

3　西日本の大名との関係

伊賀国の制圧

大名ではないが、伊賀《いが》国には惣国一揆《そうこくいっき》が存在していた。この伊賀国惣国一揆は、永《えい》禄《ろく》十二年（一五六九）の織田信長の伊勢《いせ》国北畠氏《きたばたけし》攻めの際に、隣国近江《おうみ》の甲賀郡中《こうがぐんちゅう》惣《そう》とともに織田勢に敵対していた。伊勢国が織田氏の支配下に入ったのち、惣国一揆は織田勢との戦いを想定し、総力をもって防衛にあたるべく掟書《おきてがき》を制定した（藤田二〇〇〇）。その後は、近江奪還を狙う六角承禎《ろっかくじょうてい》に協力し、織田氏との対立を続けている。

やがて天正二年（一五七四）に甲賀衆が織田政権側につく。そして天正七年九月、北畠信雄《のぶかつ》（信長の次男。養父具教《とものり》を殺害して北畠氏を乗っ取っていた）が、伊勢国から伊賀国へ侵攻した。しかし信雄は家臣の柘植三郎左衛門《つげさぶろうざえもん》が討死するという敗北を喫し、この侵攻は失敗に終わった。信雄は父に無断で出兵したらしい。信長が信雄に送った譴責《けんせき》状によると、信雄は上方に遠征すると家臣や百姓が迷惑するので、国内（ただし伊賀国は国内ではない）を攻めれば軍役を逃れられると思って（あるいはそう唆されて）伊賀を攻めたという。信長は上方への遠征は父・兄への奉公であり、お前のためにもなるのだと言って、今回の敗戦を言語道断のことだと激しく叱っている。

二年後の天正九年九月、今度は信長の命令によって伊賀国への再攻撃が行われた。これは信雄が総大将となって北畠家臣を率いたほか、甲賀衆をはじめとして近江国・伊勢国・大和《やまと》国・若狭《わかさ》国の織田家臣が参加した大規模な侵攻となっており、これによって惣国一揆は壊滅した。この戦いによって、伊賀国の一宮《いちのみや》である敢国《あえくに》神社をはじめとして寺社が多く焼失した。

伊賀国四郡のうち、三郡を信雄、一郡を織田信包《のぶかね》（信長の弟）に与え、政権は伊賀国を支配下に置くことに初めて成功した。この時期高野山《こうやさん》との対立が始まってはいるものの、本州の中心部分における未支配地域の一つを攻略したことになる。逆にいえば、安土城《あづちじょう》を擁する織田政権の新たな本拠地となっていた近江国の隣国に、政権に従わない地域がずっと温存されていたことになろう。本願寺との戦争に決着がついたことによって、ようやく伊賀国の本格的支配に乗り出すことが可能になったのである。

丹波・丹後の平定

丹波《たんば》国は京都のある山城《やましろ》国の北側に接しており、二重政権の頃は赤井氏《あかいし》や波多《はた》野氏《のし》、宇津氏《うつし》、内藤氏《ないとうし》などが勢力を持っていた。これら丹波勢には足利義昭側についた者が多かったため、織田信長は天正三年（一五八五）、明智《あけち》光秀《みつひで》を丹波に派遣して制圧させようとする。ただ、天正四年正月に波多野秀治《ひではる》が離反し、四月以降は信長が光秀を各地に転戦させたこともあって丹波攻略はなかなか進まなかった。本願寺攻め・雑賀《さいか》攻め・松永《まつなが》攻め・上月城救援・荒木攻めなどに光秀は駆り出されているが、丹波攻めには天正六年四月に細川《ほそかわ》（長岡《ながおか》）藤孝《ふじたか》・丹羽《にわ》長秀《ながひで》・滝川一益が派遣されたくらいである。彼らと光秀はこの月初頭に大坂に派遣、中旬に丹波に行ったのち、下旬に播磨へ派遣されているから、丹波攻めに複数の重臣が関わったのはごく僅かな期間であった。

各地への援軍としての派遣と並行しながら丹波攻略に取り組んできた光秀は、天正六年末から波多野氏の居城八上城《やかみじょう》（兵庫県篠山市）を包囲する。そして天正七年五月末、八上城に籠城した波多野勢が飢えて餓死する者も出てきたところで、調略によって波多野秀治らを捕えた。秀治兄弟は京都を経由して安土の信長の元に送られ、磔《はりつけ》にかけられている。丹波の残りの地域もすぐに平定し、十月に光秀が安土で平定を報告したことで、丹波の軍事行動は完了した。

丹波国は光秀が支配することとなり、光秀は同国攻略中に用いた亀山城《かめやまじょう》（京都府亀岡市）をそのまま拠点とした。柴田勝家の越前《えちぜん》支配と同様に、光秀は知行宛行《あてがい》や役賦課などの権限を持っていた。また、服属した国人を自己の家臣として編成している（鈴木二〇一二）。

丹後《たんご》国については、もともと守護の一色義道《いっしきよしみち》が二重政権期から織田政権期にかけて従っており、天正三年には国主としてあらためて認められていたが、天正六年末頃に背いていた。天正七年の丹波攻略後、光秀と細川藤孝が協力して丹後国を平定しており、降伏した一色満信《みつのぶ》（義有《よしあり》とも。義道の子か）は再び織田政権に属することになる。その翌天正八年八月、信長は藤孝に丹後国を与え、藤孝は信長の了承を得て宮津城《みやづじょう》（京都府宮津市）を居城とした。なお、天正六年に明智光秀の娘玉（ガラシャ）が細川藤孝の息子忠興《ただおき》に嫁いでおり（婚約は天正二年）、細川・一色両氏は光秀の与力の扱いであった。

山陽の大名と播磨攻略

山陽地方は、赤松《あかまつ》氏が播磨・備前《びぜん》・美作《みまさか》の守護であったが、守護代《しゅごだい》浦上《うらがみ》氏やその被官《ひかん》宇喜多《うきた》氏が台頭しており、播磨国では別所《べっしょ》氏と小寺《こでら》氏が大きな勢力を持っていた。

二重政権の頃は、別所氏が幕府に従う一方、小寺氏が織田軍・幕府軍に攻撃を受けたり、浦上氏・宇喜多氏が幕府に出仕したのちに敵対したりと、この地域の情勢は安定しなかった。毛《も》利輝元《りてるもと》もこの浦上・宇喜多両氏と戦っており、二重政権期の織田と毛利の同盟はこの地域への対策という側面も持っていた。やがて両氏は足利義昭の調停によって毛利氏と和睦したが、天正元年（一五七三）の義昭追放後、織田信長が浦上宗景《むねかげ》に播磨・備前・美作を与えるという約束をしたために、宇喜多直家《なおいえ》は浦上氏と訣別し、毛利氏の協力を得て宗景を没落させた（渡邊二〇一九）。前述したように、これが織田氏と毛利氏の関係悪化の要因となったのであった。

一方播磨をみると、天正三年、七月に別所長治《べっしょながはる》と叔父の重棟《しげむね》が上洛しているほか、九月に信長が荒木村重に人質徴収を命じ、同年十月に赤松・小寺・別所その他が上洛中の信長に会いに来ている。彼らは翌年十一月にも上洛したうえ、二ヶ月後の天正五年正月にも在京中の信長に会っており、ここまでは織田政権との関係を維持していた。同年十月に羽柴秀吉が播磨に入国すると、十一月に上月城を落城させ、毛利氏によって没落していた尼子勝久・山中鹿介に城を守らせた。この時、秀吉は上月城の残党を備前・美作の国境で磔にして、政権に敵対する者への威嚇を行っており、播磨攻略は順調かと思われた。

ところが、これまで織田政権に従ってきた別所氏は、足利義昭の誘いに乗り、天正六年二月に毛利側に寝返ってしまう。秀吉は別所氏の三木城《みきじょう》（兵庫県三木市）を包囲するが、四月に毛利・宇喜多勢が大軍で上月城を囲む。織田信忠を中心とする援軍が到着するも、信長の命令で見捨てたため同城は落城した。さらに十月の荒木村重の離反にともなって小寺政職も離反しており、播磨国の情勢は秀吉入国前より悪化していった。

秀吉は三木城に対して「ほしころし」（干し殺し）も辞さないとしており、兵糧攻めを徹底した（『豊臣秀吉文書集』二〇五号)。やがて、荒木村重の有岡城《ありおかじょう》の落城により、天正八年正月十日、小寺政職が御着城《ごちゃくじょう》から退去する(『豊臣秀吉文書集』二一一号)。そして十七日、別所長治が切腹する代わりに城内の兵を助けるという条件で三木城は開城した。その他の城も同年中に攻略し、秀吉は入国から三年目にしてようやく播磨国を織田政権の分国とした。その後、同国は秀吉がそのまま支配していく。

山陰地方の但馬《たじま》国と因幡《いなば》国に関しては、やはり二重政権の頃に織田・毛利同盟からの攻撃対象となっていた。その頃から羽柴秀吉が攻略に関与しており、織田政権期に入っても継続していく。

山陰の大名と鳥取城の攻防

両国の勢力は幕府や織田政権に従ったり敵対したりと去就が定まらなかった。そこで天正五年(一五七七)に播磨に入国した秀吉は、同年内に但馬国に入って竹田城《たけだじょう》(兵庫県朝来《あさご》市)を攻略し、弟の羽《は》柴長秀《しばながひで》(秀長)を城代《じょうだい》とした。ところが毛利側の勢力の反攻にあって竹田城は奪い返され、天正八年正月に秀吉は再度長秀を派遣して竹田城を再攻略した(山本二〇一〇)。『信長公記』だと四月に落城とあり、それによって但馬国の攻略は完了したとされているが、実際はその翌年に一揆が起こって秀吉自身が鎮圧に乗り出すなど、不安定な状態にあった。

但馬攻略と並行、あるいは直後に秀吉は因幡にも軍勢を派遣し、毛利氏が持っていた鹿野城《しかのじょう》を落として因幡守護山名《やまな》豊国《とよくに》やその他国人たちの人質を手に入れると、山名氏の居城鳥取城《とっとりじょう》(鳥取県鳥取市)を包囲した。鳥取城は秀吉が「名城」と呼んでいるように攻めにくいため、秀吉は市や城下を焼き払ったうえで兵糧攻めを試みた(『豊臣秀吉文書集』二四八号)。これによって鳥取城主山名豊国は降伏したが、彼はその後家臣たちに追い出され、鳥取城には毛利氏から吉川経家《きっかわつねいえ》が派遣されて籠城した。そこで秀吉は、翌天正九年六月から再度鳥取城を包囲して兵糧攻めを行う。八月には毛利勢が大々的に救援の軍を派遣するという噂があり、織田信長は明智光秀や細川藤孝、高山重友《たかやましげとも》らの派遣を命令するなど、秀吉の支援を行っている。

鳥取城には百姓も含めた鳥取郡の男女が多く籠城したといい、兵糧が欠乏していく。戦国時代には戦争から避難した民衆が城に籠る例がほかにもみられるとはいえ、この鳥取籠城に関してはこれが大きな危機をもたらしたのだった。城内は阿鼻叫喚《あびきようかん》の様相となり、鉄炮に撃たれたがまだ息がある状態の城兵を、飢えた人々が襲って食うような凄惨な状況になったという(『信長公記』)。吉川経家らは自分たちが切腹する代わりに城兵を助けるよう秀吉に申し出て、十月に鳥取城は開城した。因幡国の形勢はこれで大体決着がついたようで、秀吉は与力の宮部継潤《みやべけいじゅん》に因幡統治を任せている。また、続けて伯耆《ほうき》国の織田政権派国人である南条元続《なんじょうもとつぐ》の支援をも試みており、山陰方面から毛利氏を追い詰めていった(『豊臣秀吉文書集』三五〇号)。

宇喜多氏と毛利氏

毛利側についていた宇喜多直家は、天正七年(一五七九)、織田政権側へと寝返った。離反の理由ははっきりしないが、荒木村重や別所長治の籠城の状況をみて毛利側を不利と判断した、あるいは織田軍との戦いに毛利氏からの支援が不十分だったためとみられている（森脇二〇一七、渡邊二〇一一）。九月、羽柴秀吉は安土に行って織田信長に会い、直家赦免の朱印状を出してもらおうとした。ただこの時は、信長の想定外の約束でもしていたのか、信長は自分の許可を得ずに勝手に外交を進めた秀吉を叱り、播磨に追い返している。翌月末、結局直家は許されることになり、名代として宇喜多基家《うきたもといえ》（直家の甥）が摂津《せっつ》出陣中の織田信忠に挨拶している。

こうして備前国を支配する宇喜多氏が織田政権側についたことは、先述した大坂本願寺や播磨・但馬など各地の戦況に影響をもたらしたと思われる。少なくとも、織田と毛利の山陽方面での対立の前線は備中《びっちゅう》国と美作国となっており、宇喜多勢と毛利勢の戦いがこれらの地域で展開していった。ただ、信長は直家を信用しきれなかったようで、天正八年五月頃に毛利氏との間で和睦を模索している（山本二〇一〇）。この和睦提案では、信長の娘を吉川元春《きっかわもとはる》の息子の妻とするなど具体的内容も論じられており、朝廷にも話が行っていたようだが、結局実現せずに終わった。

なお、毛利氏は足利義昭を奉じて信長と戦っていたが、この和睦提案の際に信長は、義昭を「西国之公方《さいごくのくぼう》」にするといいと考えていたらしい（「巻子本厳島神社文書《かんすぼんいつくしまじんじゃもんじょ》」『広島県史』古代中世資料編Ⅲ、八一号）。義昭の京都帰還は受け入れないが、西日本の地域限定の将軍となるのはいいという解決法は、織田政権を辞めるつもりはないが信長包囲網には辟易しているという信長の心情の表われかもしれない。

天正十年正月、直家が病死した。秀吉は安土に行って信長に報告し、直家の子秀家《ひでいえ》を宇喜多氏の当主とすることの許可をもらった。翌二月の八浜《はちはま》合戦（岡山県玉野市）で宇喜多勢は毛利勢に敗れ、宇喜多基家が戦死している。こうした直家と基家の死によって宇喜多氏が崩壊することを秀吉は恐れ、山陽方面の戦線を立て直すために三月に自ら出陣した。そして、毛利輝元や小早川隆景《こばやかわたかかげ》の救援が来る可能性があると信長に連絡して援軍を求める一方、五月上旬から備中国高松城《たかまつじょう》（同岡山市）を包囲（水攻め）した。

もともと信長は秋に出陣するつもりだったらしい（『織田信長文書の研究』一〇一五号）。だが、武田勝頼に対して採ろうとしていた戦略がそうだったように、敵の本隊をおびき寄せて雌雄を決する戦略を信長は好んでいた。この時も絶好の機会とみて、予定を早めて中国に出陣する。この出陣の途中で、本能寺の変が起こることになる。

長宗我部氏と四国情勢

二重政権期から織田政権期にかけての四国では、讃岐《さぬき》国と阿波《あわ》国は三好《みよし》氏、伊予《いよ》国は守護の河野《こうの》氏《し》、土佐《とさ》国は長宗我部《ちょうそがべ》氏《し》が主要な勢力となっていた。

このうち土佐の長宗我部元親《もとちか》は、少しややこしいが織田家臣明智光秀の家臣である斎藤利三《さいとうとしみつ》と遠縁にあたり（元親の妻の実家石谷《いしがい》家に利三の兄弟が養子に入っている）、その縁から織田政権に接近をしてきていた。長宗我部氏と政権の関係は天正三年（一五七五）頃からあるともみられているが、もっとも確実な史料は天正六年の元親書状である（『石谷家文書』一八号）。元親は光秀と利三に斡旋してもらって自分の跡継ぎに織田信長から一文字をもらい、信親《のぶちか》と名乗ることを許可されている。また、この書状で元親は信長に敬意表現を用い、阿波への侵攻を報告している。こうしたことからみて、彼

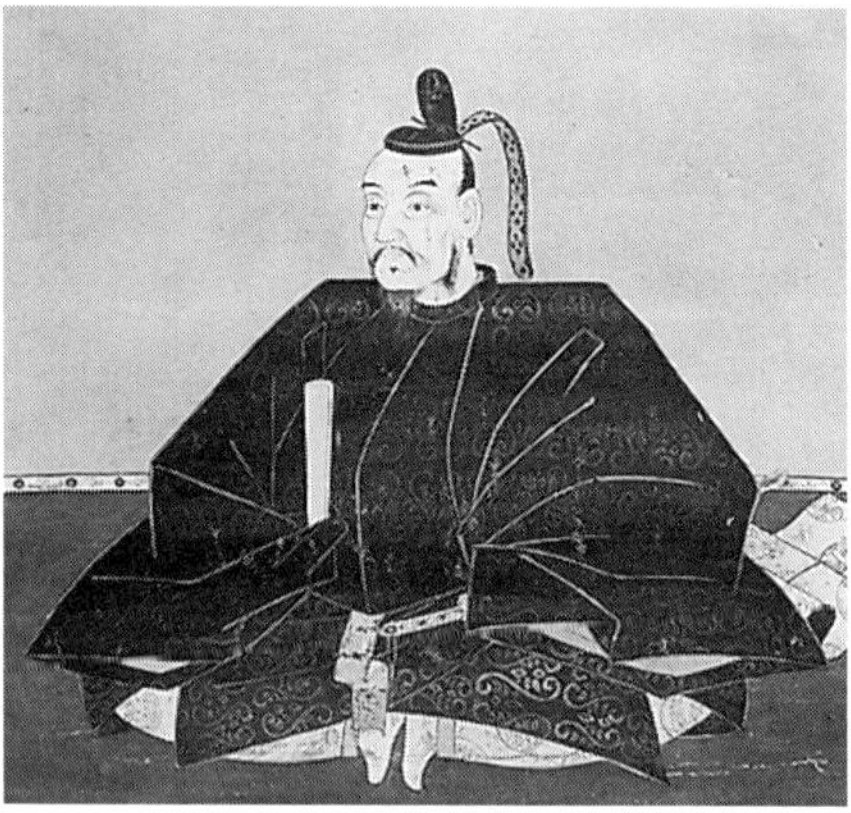

24—長宗我部元親画像（秦神社所蔵）

は織田政権を上位の存在として位置付け、それに従う存在として四国の各国に攻め込んでいたとみられる（平井二〇一六a）。

長宗我部氏の勢力は、讃岐・阿波・伊予の三ヶ国に広がっていった。だが、四国にはほかにも信長とつながろうとする勢力がおり、たとえば天正八年の伊予では西園寺《さいおんじ》氏と長宗我部氏の争いを収めるために織田政権から使者が派遣される騒ぎになっていた。また同年、大坂本願寺に籠城していた三好勢が、顕如《けんにょ》や教如《きょうにょ》の大坂本願寺退去後に阿波国に渡海し、長宗我部氏が占領していた阿波国の勝瑞城《しょうずいじょう》（徳島県藍住町《あいずみ》）に立て籠もる事件も起きている。この三好勢は信長の許可を得ていると称していたようで、元親は信長に不信感を持つようになっていく。一方の信長側は伊予の件で西園寺氏を支持しており、勝手に西園寺氏を攻撃した長宗我部氏に不信感を持ったものと思われる。

天正九年の冬から翌年正月にかけて、信長は長宗我部氏が獲得していた讃岐・阿波の領地を没収すると連絡した。これに反発した元親は政権との関係を断とうとし、それに対して信長は三男神戸《かんべ》信孝《のぶたか》を中心とする大規模な四国攻撃軍を編成する。信長の中国出陣と並行して信孝の四国出陣が行われる予定であったが、本能寺の変によってこの出兵は中止となった。

なお、長宗我部氏との外交は、利三やその主人の光秀が取次となって進めていた。彼らは織田・長宗我部関係の維持に最後まで努力しており、それが本能寺の変につながったとの見方もある。この点はのちに述べたい。

九州の大名との外交

二重政権期・織田政権期の九州は、以前から大きな勢力を持っていた大友氏《おおともし》のほか、肥前《ひぜん》の龍造寺氏《りゅうぞうじし》と薩摩《さつま》の島津氏《しまづし》が勢力を広げていく。ここでは織田政権との関係が目立つ大友氏と島津氏を取り上げる。

大友宗麟《おおともそうりん》は長年毛利《もうり》元就《もとなり》と戦っていたため、二重政権期に足利義昭が両者を和睦させようとしており、織田信長も義昭の御内書に副状《そえじょう》を出している。その後宗麟は上洛したいと信長に申し出たが、毛利氏への遠慮から信長は返信しなかったようである。織田政権期に入ってすぐに宗麟は再度上洛を申し出たようだが、やはり信長は毛利氏への遠慮を示している（『織田信長文書の研究』三二一・五六九号）。

やがて信長は毛利輝元の背後を突く役割を大友氏に期待するようになり、天正七年（一五七九）に大友義統《よしむね》（宗麟の子）に朝廷の官位（従五位下・左兵衛督《さひょうえのかみ》）を斡旋するとともに、毛利領の周防《すおう》・長門《ながと》両国を与えるという朱印状を出している。これは、両国に攻め入って自力で奪い取ることを大友氏に許可するといった程度の約束であり、これをもって織田と大友に強固な主従関係が形成されたわけではないが、この時期になると中央政権と地方大名という関係ができあがっていたとみていい。

島津氏は二重政権期に義昭から御殿料《ごてんりよう》の献上を命じられており、織田政権期にも義昭は京都帰還への支援や大友氏への攻撃を命じていた。一方、島津氏と親しい公家である摂関家の近衛《このえ》前久《さきひさ》も、天正三年から九州に下って大名たちを織田政権派につけようと働きかけていた。前久は二重政権期に義昭と対立したために京都を離れて放浪し反義昭派の大名たちと連携した過去があり、幕府の代わりの政権を立てた信長と親しくしていたのである。前久が島津《しまづ》義久《よしひさ》と信長の間を仲介したことで、信長は島津氏と連携して毛利対策をより強固にしようとする。天正八年、信長は大友氏と島津氏に対して和睦を命じ、協力して毛利攻めにあたれば天下に対して大忠である、と連絡した。結果として、翌年両者の和睦が成立しており、中央政権として九州大名を毛利対策に用いるという外交戦略は一定の成果を見せつつあった。

なお、この和睦を受け入れた際の義久の書状で、信長のことを「上様」と呼んでいることから、彼が織田政権を上位の存在と認めていたことがよく知られている。また、義久は琉球《りゆうきゆう》から、信長に献上する進物《しんもつ》を得ようとしていた。ただ、信長死後に義久が足利義昭との関係を復活したことなどから、島津氏は完全に織田政権に従属したのではなく、軍事同盟という意識を持っていたとされている（黒嶋二〇一〇）。

五　織田政権期の社会と文化

1　都市・村・城

信長と京都

戦国時代の京都は、応仁《おうにん》・文明《ぶんめい》の乱や天文法華《てんぶんほっけ》の乱など数多くの戦いや災害によって、上京・下京の二つの地区に縮小していた。天正《てんしょう》元年（一五七三）四月、織田信長が足利義昭《あしかがよしあき》を脅すため上京を焼き討ちしており、三ヶ月後に復興のため地子銭《じしせん》免除と人夫役《にんぶやく》免除を実施している。『信長公記《しんちょうこうき》』はこれによって上京がすぐに復興したかのように記すが、実際は時間がかかっただろう。

織田政権と京都の関わりについては河内将芳氏の研究に詳しい（河内二〇一八）。天正二年に信長が相国寺《しょうこくじ》に城を作るという噂が流れたが、その件は実施されていない。その二年後、既述のように信長は二条晴良《にじょうはれよし》の屋敷を接収しており、翌年閏七月に完成した屋敷に入っている。ところがさらにその二年後の天正七年、正親町天皇《おおぎまちてんのう》の子誠仁親王《さねひとしんのう》にその屋敷を譲ってしまった。次期天皇である誠仁親王（実際は皇太子にならないまま死去する）を信長の手駒にするためとか、人質だったとか、さまざまな見方があるが、親王に子が生まれ御所が手狭になったとみる見解にここでは従っておく（金子二〇一五）。翌年信長は本能寺《ほんのうじ》（京都府京都市）を屋敷として普請《ふしん》しており、ここが彼の最期の地となる。

河内氏が指摘しているように、信長は京都への滞在日数が短かった。天正元年以後もっとも長い日

勘解由小路
中御門大路
春日小路
大炊御門大路
冷泉小路
二条大路
鴨川
義昭御所
下御霊社
少将井
押小路
三条坊門小路
姉小路
三条大路
四条坊門小路
錦小路
四条大路
綾小路
五条坊門小路
高辻小路
五条大路
妙顕寺
妙覚寺
蛸薬師
二条殿
等持寺
円福寺
三条八幡
場町
曇華院殿
弁慶石
六角堂
饅頭屋町
下京惣構
南蛮寺
四条町辻
四条道場
四条橋
冠者殿
大政所
悲田寺
因幡堂
五条橋
法城寺
玉津島
五条天神
本国寺
樋口小路
万寿寺
堀川小路
油小路
西洞院大路
町小路
室町小路
烏丸小路
東洞院大路
高倉小路
万里小路
木戸門（釘貫）
櫓
構の土塀や堀など
0
500 m

25—戦国時代の下京（河内 2018 より転載）

数いたであろう天正六年でも合計百日に満たず、信長の京都での居所が一定しない理由の一端がここからうかがえる。のちに豊臣（羽柴）秀吉が居城として壮大な聚楽第《じゅらくてい》を築いたことと比べれば、信長の淡白さは明らかであろう。都市としての京都への政策をみても、秀吉が京都を大きく改造したのに対し、信長は上京焼き討ち後に新在家絹屋町を開発した程度で（高橋一九八八）、目立った改造を行わなかった。室町幕府の後継者として「天下」を守る存在であることを信長が自他ともに認めていたことを考えると、この京都への姿勢は奇異ともいえるが、保護しながらも密着はしないという朝廷との距離の取り方とも関連すると思われる。

信長と堺

和泉《いずみ》国堺《さかい》（大阪府堺市）は、戦国時代に商業・流通の大きな拠点となっていた自治都市として有名である。織田信長は室町幕府を再興した際、足利義昭から望みの国をやろうと言われたが断り、代わりに堺・草津・大津の代官となることを望んだとされている。父祖が尾張国の津島《つしま》を支配したこともあり、信長や歴代織田氏がこうした商業都市を重視していた証拠として大々的に取り上げたくなるが、このエピソ[illegible]は『足利季世紀《あしかがきせいき》』などの軍記にしか記されておらず、特に草津・大津の代官については事実が確[illegible]きず疑わしい（柴辻二〇一六）。堺は三好三人衆《みよしさんにんしゅう》に協力して織田軍に抵抗しようとしたが、永禄《えいろく》十一[illegible]（一五六九）二月に織田軍の前に服属し、実際にはこの頃から信長による堺支配が始まる。

堺の支配については、義昭上洛後にいち早く信[illegible]に接近してきていた商人の今井宗久《いまいそうきゅう》が代官をつとめ、元亀《げんき》元年（一五七〇）からは信長の側近であった松井友閑《まついゆうかん》が堺政所《まんどころ》をつとめた。ただ、友閑は多忙であり、堺に常駐することはできない。そのため、友閑の配下の者や、宗久・津田宗及《つだそうぎゅう》・千宗易《せんのそうえき》（利休《りきゅう》）ら三名の豪商が代官となって経営していた可能性が指摘されている（川崎一九八二）。信長はこの三名を含む堺の豪商たち（「堺衆」と呼ばれる）をしばしば茶会に招いて交流しており、鉄炮・船などの軍需品から茶器・織物に至るまで、物資の調達や堺の運営に豪商の力を用いていた。

信長は幕府再興時に堺に二万貫の矢銭《やせん》を賦課したとされ、その後も堺からの収入があったと思われるが、具体的な規模は明らかではない。堺の他の役割としては、商船・貿易船が出入りする港としても重要だった（だからこそ商業都市として発展した）ことはいうまでもない。また、九鬼嘉隆《くきよしたか》に作らせた大船（鉄甲船）も堺に寄港しているように、軍事的にも重要であった。それ故に織田政権以外の勢力も堺を利用することがあり、たとえば天正四年（一五七六）の木津川口《きづかわぐち》の戦いの際には村上水軍《むらかみすいぐん》が一時的に寄港したらしい（『大日本古文書　毛利家文書』三三八号）。嘉隆の船が堺に寄港したのは、大坂本願寺《おおさかほんがんじ》封鎖の拠点となる港だったのみならず、毛利氏《もうりし》から本願寺への援軍を食い止めるために堺自体を守る必要もあったからかもしれない。

なお、織田政権の都市政策というと安土《あづち》城下町の楽市楽座が強調されがちである。だが、信長は堺にはそうした命令を出しておらず、逆に、天正七年に堺の馬座を従来通りにしてよいという許可を出しているから、明らかに座の存続を認めている。この点、楽市令の評価とも関わるため後述したい。

織田信長が天正四年（一五七六）から作り始めた安土城は、琵琶湖畔の安土山を城郭にした山城であった。また、安土城は城そのもののほか、城下町もまた非常に注目されてきた。ここでは安土城下町の特徴についてふれておきたい。

安土城下町

もともとこの地域には豊浦《といら》や常楽寺《じょうらくじ》といった集落があり、織田信長はそれらの集落を一部に取り込みつつ、政権中枢の都市を作っていった（小島二〇〇五）。ルイス・フロイスは安土を「位置と美観、建物の財産と住民の気高さにおいて、断然、他のあらゆる市を凌駕していた」と記しており、大げさに書いた部分もかなりあるにせよ、織田政権の本拠地にふさわしい規模の城下町だったと思われる。天正八年閏三月に鳥打の下江を埋め立てして町として西北海の口に舟入を作らせたと『信長公記』にあり、またフロイスの『日本史』に武田滅亡後の拡張の記事があるように、城下町は信長が死ぬまで完成しなかった。もっとも、それは政権のお膝元の都市として発展を続けていたことを示すものであるともいえる。

安土城下町には、家臣や町人の家、神社や寺院など、それにイエズス会の修道院などが存在していた。近世の城下町は、武士・奉公人《ほうこうにん》・町人の居住区をはっきり区別する計画的都市作りが特徴とされており、安土山の麓の平野に「庶民・職人の町」を築いたとフロイスが記しているから、安土城下町にも居住区の身分別の区分があったとされている。

家臣の屋敷の場所を詳しくみてみよう。信長の側近の屋敷は安土山にあり、馬廻衆《うままわりしゅう》や弓衆などの屋敷は城下町にあった。一族・重臣層については、丹羽《にわ》長秀《ながひで》は築城の関係者として早くから屋敷を持っていたようだが、織田信忠《のぶただ》ら信長の子どもたちは天正八年に屋敷地を与えられていて、ほかの重臣たちもおそらく長秀より遅れて屋敷を作っていたようである。彼らの屋敷の場所はわからないが、フロイスは信長が山麓から琵琶湖の入江のほうに邸宅を作るように命じたとか、「新しい市」に彼らが屋敷を作りたがったなどと記しているから、初期は安土山の下から湖畔にかけて、後から作った家臣は城下町の拡張部分に作っていったものと思われる（平井二〇一八）。やはり、安土城下町は当初から綿密なデザインに沿って形成されていったというより、年々後付けで拡張していったといえる。そういう意味では、安土城下町の居住区の整理は、中途半端なものになってしまっていたのではないだろうか。

26—浄厳院楼門

　城下の神社としては沙沙貴《ささき》（佐々木）神社があり、これは以前からあるものである。仏教寺院では、信長が安土城内に作らせた摠見寺《そうけんじ》のほかに、信長が浄土宗の僧明感《めいかん》を招いて作らせた浄厳院《じょうごんいん》が有名である。このほかにも、活津彦《いくつひこ》根《ね》神社など複数の神社・寺院があったとみられる。フロイス『日本史』は、信長が仏僧を嫌い、安土城下に土地を与えなかったと記しているが、それは事実ではない。浄厳院などは、のちに安土宗論《あづちしゅうろん》の舞台となる寺院であるから、どちらかといえば政権寄りであったともいえる。

織田政権下の郷村

町ばかりを紹介してきたが、織田領内には郷村《ごうそん》も当然多く存在する。中世後期の村というと惣村《そうそん》の存在が有名である。そこでは、村が自分たちだけの掟を作ったり、領主に対して村として交渉したり、村が代官となって年貢を請け負ったりしてきた。また、惣村同士が、田畠や水利、山野の用益権をめぐって死人が出るほどの争いをしていたこともよく知られている。そうした事例は畿内周辺地域で多く知られており、織田政権のもとにも存在していた。ただ、惣村といってもその内実はさまざまであり、一人の地侍《じざむらい》が突出して村を運営してしまうような場合もあった。

織田政権の郷村支配については、近江《おうみ》国の村を対象として深谷幸治氏が検討している（深谷二〇〇三）。中世の村には村民内部での階層があり、近江だと上層民が「侍分《さむらいぶん》」「侍衆」などと呼ばれ、こうした地侍層が村の代表者的立場となっていた。織田政権は彼らを「下代《げだい》」と呼んでおり、下代は織田政権の代官（信長の家臣）のもとで年貢収納や村落間相論の規制・調停などといった、実務を行っていた。彼らは織田政権の支配の一端を担う存在になっていたといえるが、村から離脱することはなく、その後も村と強固な関係を持ち続けたという。

このように、織田政権は、その地域に関係の深い人物に頼ることで支配を行っており、こうしたあり方は織田政権以前の領主も同様であった。深谷氏によると下代はその後の豊臣政権期や江戸時代初期にも存続していくというから、こうした支配のあり方は戦国大名や信長だけではなく、中・近世移行期を通して続いていたともみられる。織田政権や豊臣政権といった強大な政権は、中世以来の惣村を解体・介入したに違いないという考えはどうしても出てくるのであるが、村の住民に依拠して支配を行うという点では当てはまらないのである。

なお、信長は百姓や村と正面から向き合わず、家臣に指示をするのみであったと池上裕子氏が指摘している（池上二〇一二）。たしかに、信長自身の法令をみると、楽市令のような都市向けのものはあっても、郷村に直接宛てたものは乏しい。この点は、民政が充実していたと評価される関東の北条氏《ほうじょうし》などに比べると、消極的だったといえるだろう。

小牧山城と岐阜城

織田政権の城郭政策についてもふれておきたい。

織田信長は那古野城《なごやじょう》→清須城《きよす》→小牧山《こまきやま》城→岐阜《ぎふ》城→安土城と居城を何度も移したことでよく知られており、それが他の戦国大名とは異なる画期性を示すものともいわれている。この点に関しては、三好長慶《みよしながよし》が摂津《せっつ》国越水《こしみず》城→芥川山《あくたがわやま》城→河内《かわち》国飯盛山《いいもりやま》城と居城を変えていたり、信長の父信秀《のぶひで》が何度も変えていたりと、ほかに例がないわけではない。信長と同時期だと、徳川家康が岡崎《おかざき》城から浜松《はままつ》城へと居城を変えている。居城を変更することの重要性を軽視すべきではないが、信長だけを強調するのは間違いだろう。先に指摘したように、岐阜への移住に関しては、足利義昭を京都に連れて行くための準備という要素も考慮すべきと思われる。

小牧山城は、以前記したように斎藤氏《さいとうし》攻めのために築いた。そのため、信長が居城にしていたのは四、五年にすぎない。ただ、主に考古学側から検討が進んだことで、織田期の小牧山城は再評価がなされている（千田二〇一三）。まず、小牧山城では石垣が用いられており、信長が早い段階から居城に石垣を導入していたことが明らかになった。また、城下町にも家臣の屋敷や商工業者の屋敷があり、遺物も出土していることから、本格的に移住・整備政策が行われ成功していたとみられている。町の作りも、長方形街区と短冊形地割りという、近世の城下町と共通の要素がみられるという。こうしたことから、小牧山城は長く使うことを想定して作られていたこと、新たな要素を採り入れた作りだったことなどが指摘されている。

美濃《みの》を支配してから移った岐阜城は、もとは斎藤道三《さいとうどうさん》が居城としていた城であり、山上の城に信長と家族が居住する一方で、山麓の御殿は面会などに用いていたことがよく知られている。山麓の御殿はルイス・フロイスや山科言継《やましなときつぐ》が訪問した記録があり、長年発掘調査が進められてきていることもあって、具体像が明らかにされつつある。フロイスによれば御殿は四階構造で、一階の内庭には劇場風の建物、二階には婦人部屋、三階には茶室もあったという。これについては実際に四階建ての建築物があったのではなく、地形にあわせて高さの異なる建物が連なって建てられていたものとみられている。

なお、山城については山麓御殿に比べて発掘が遅れていたが、二〇一九年の発掘調査では裏門周辺から斎藤氏時代のものとみられる石垣が発見されたと発表されており、斎藤氏段階からの連続性があった可能性が出てきている。今後の調査の進展に期待したい。

安土城の特徴

安土城は天主《てんしゅ》（秀吉以後の城では天「守」と書くが、信長の場合は天「主」）などの礎石建築物、瓦の使用、石垣の使用、食い違い式の虎口《こぐち》などが特徴とされており、織田政権の家臣の城や、のちの豊臣政権の城も類似した特徴を持つことから、これらの城は織豊系城郭という概念で呼ばれている（この概念をめぐっては、村田修三監修・城郭談話会編『織豊系城郭とは何か』〈二〇一七年〉参照）。個々の要素は信長が初めて採用したものではなく、各地の大名がすでに城に用いていたものである場合が多い。ただ、たとえば石垣を高石垣にしたり、瓦に金箔を用いたりといった独自性もある。特に後者の金箔瓦は権威の象徴となっており、安土以外だと信長の息子たちにのみ使用を許可していたとみられ、瓦・石垣・天主などの許可も含めて、織田家臣や政権につながる大名たちの城を信長が統制していたと指摘されている（加藤二〇一二）。

天主については『信長公記』に構造が記載されている。七重となっており、朱や金をふんだんに用い、各階の座敷には狩野永徳《かのうえいとく》に描かせた障壁画が各所を彩っていた。画題は花鳥や竜虎や仙人、中国の皇帝などがあり、中国の故事をテーマとしたものが多かった。これは、室町幕府の後継となる中央

27—安土城跡大手道（フォトライブラリー提供）

政権の支配者にふさわしい空間を目指したものと思われる（平安王朝の内裏の室礼《しつらい》を引き継いだものとみる説もある。黒田二〇一七）。信長というとヨーロッパのものに興味を持っていたことが強調されることもあるが、『信長公記』をみる限り安土城の天主にそういった要素はなさそうである。なお、この天主が天正六年（一五七八）五月に豪雨によって壊れてしまったという史料もあり、その後再建した可能性がある（和田二〇〇七）。

このように、安土城や織豊系城郭は軍事面のみを重視したのではなく、大名の権力を誇示する構造となっており、家臣や領民、安土を訪れる者に優越性・絶対性を示すことも大きな目的となっていた。たとえば天正七年に陸奥《むつ》・出羽《でわ》から鷹を献上してきた者に天主などを見物させており、これなどは遠方の勢力に政権の力を認識させる方策であることが明らかであろう。

ちなみに、ルイス・フロイスによれば、信長は安土の御殿と城が完成した際に、数日間は誰でも自由に見物してもよいと領国内に布告したという。また、天正九年七月十五日には、お盆の行事として天主と城内の摠見寺に多くの提灯《ちょうちん》を吊るし、琵琶湖に船を浮かべて馬廻に松明《たいまつ》を持たせるというライトアップによって多くの見物人を集めている。このライトアップはこの年初めて行ったといい、翌年には信長が死んでしまうので恒例化するつもりがあったかはわからない。ただ、城を観光名所とするようなこれらの試みは、安土城の壮麗さ（＝織田政権の強大さ）の宣伝になるとともに、城下町の賑わいにも一役買ったのではないかと思われる。

城郭統制

織田信長の城郭統制は、瓦などの構成要素だけではなく、築城・廃城にも及んでいた。築城に関しては、細川藤孝《ほそかわふじたか》の宮津城《みやづじょう》（京都府宮津市）の事例をみてみたい。山城国の勝《しょう》竜寺城《りゅうじじょう》を居城にしていた藤孝は、天正八年（一五八〇）八月初頭に丹後《たんご》国に領地をもらって下向した。そして八月二十一日に、信長は「宮津に居城を作りたいとのこと、了解した。きっと適したところなのだろう。普請を急ぐことは、明智光秀《あけちみつひで》にも言っておいたので、相談して進めるように」と藤孝に連絡している（『織田信長文書の研究』八八九号）。この事例では、藤孝が信長に築城の許可を求めていたこと、築城場所の選定は藤孝独自に行ったこと、信長が光秀にそれを手伝わせたことなどが読み取れる。柴田勝家《しばたかついえ》の北庄《きたのしょう》城（福井県福井市）の場合は信長自ら選んでいるから、宮津城の事例を一般化することはできないが、築城に関しては政権側に報告してから行うようになっていた可能性があるだろう（加藤二〇一二）。

廃城は、当時は「破城」「城破《しろわり》」などと呼ばれていた。以下、小林清治氏の研究に依拠しながら説明しよう（小林一九九四）。戦国大名のもとでは、朝倉氏《あさくらし》・六角氏《ろっかくし》が領内の家臣の城を廃城にしようとしたが、実現できなかったという。そのほかでは、大名が敗北・和睦した際に、戦後処理として廃城が行われたことが多かった。

信長の場合は、城を攻め取った後に破却する事例が多くみられ、また天正八年には大和《やまと》・摂津・河内の各国にある城を一部を除き一斉に廃城するよう命じている。この一斉廃城は大坂本願寺との戦争の終結にともなう処置であり、抵抗の拠点となるような城を破壊することで、それらの国に織田政権の支配を行き渡らせる効果があった。翌年には能登《のと》・越中《えっちゅう》・伊賀《いが》でも城の破却を命じている。こうして信長は他の大名より大規模な廃城を行ったが、戦後処理という性格が強いことから、のちの豊臣政権が戦争以外の契機で廃城を命じていたことと比べると、戦国大名的性格を脱しえなかったと小林氏は評価している。

なお、羽柴秀吉も同年に播磨《はりま》国の八つの城を廃城しており、これは三木城《みきじょう》の落城などによる播磨平定にともなうものであった。明智光秀も丹波《たんば》で国人《こくじん》に居城の破却を命じているが、これは一国全体ではなく個別事例であったとみられている（福島二〇一九）。

2 茶・絵画・文学

信長と茶の湯

中世日本では、中国から輸入された「唐物《からもの》」と呼ばれる舶来品が珍重された。茶道具もその一つであり、室町幕府の第八代将軍足利義政《あしかがよしまさ》が収集した東山御物《ひがしやまごもつ》の中にも多数の茶道具が含まれていた。これらはモノとして使用・鑑賞されたことはもちろん、将軍の権威を示すという政治的効果もあった。戦国大名たちも茶の湯を好み、茶道具の名物を収集している。

織田信長も、たとえば息子の信忠に岐阜城を譲った際に茶の湯の道具だけ持って佐久間信盛《さくまのぶもり》の屋敷に入ったとされるほど、茶の湯を好んだことでよく知られている。竹本千鶴氏の研究をもとにいくつかみていこう（竹本二〇〇六）。信長は二重政権期の段階から京都や堺の商人たちから「唐物・天下の名物」を多数買い求めており、政権樹立後も集めている。竹本氏によれば、信長は見境なくなんでも集めたのではなく、高名なものや変わった形のもの、将軍所持などの由来があるものを中心に収集していた。こうして集めた茶道具は、堺の豪商や朝廷の貴族、織田政権の重臣たちなどを招いた信長の茶会で飾って政権の権力・権威を誇示したり、天正五年（一五七七）には

28—唐物肩衝茶入　銘初花（徳川記念財団所蔵）

信忠に一部を譲ることによって後継者であることを示したりするなど、政治的効果も期待して用いられていた。

政治的効果といえば、信長は茶道具を家臣統制に用いていたことが知られている。竹本氏によれば、信長は天正四年から手柄を立てた家臣に自身の茶道具を下賜することを開始し、天正六年以後はその中でも特定の家臣に、信長下賜の道具(「御道具」)を用いた茶会(「御茶之湯」と呼ばれる)を開くことを許していたという。逆にいえば、他の家臣は「御道具」を用いた茶会を勝手に主催することは許されていなかったのである。竹本氏はこの特権を、信長の死後に羽柴秀吉が記した言葉をもとに、「ゆるし茶湯」と名付けている。

「ゆるし茶湯」の特権を得た人物は、後継者の信忠と、重臣の明智光秀・羽柴秀吉・佐久間信栄《のぶひで》(信盛の子)、京都所司代《きょうとしょし だい》村井貞勝《むらい さだかつ》、それに元三好家臣で三好義継《み よしよしつぐ》を滅ぼす際に功績があった野間長前《の ま ながさき》のみである。柴田勝家や丹羽長秀、滝川一益《たきがわかずます》といった重臣たちは茶道具の拝領のみであった。ただ、一益が「武田勝頼《たけだ かつより》を滅ぼした褒美に珠光小茄子《じゅこうこ なす》を望んでいたが遠国に置かれてしまった」と嘆いたことが知られているように、関東支配の大役よりも茶道具を欲しがったという事例があるから、家臣からすれば信長秘蔵の名物を与えられただけでも大きな名誉であった。

ちなみに、博物館での展示が人気を集めるなど、近年は曜変天目《ようへんてんもく》が何かと注目されているが、信長はこれを永禄十二年(一五六九)に朝山日乗《あさやまにちじょう》に与えてしまっている。当時日乗は朝廷・幕府・織田の三者に出入りして政僧として活躍していたから、彼を味方に引きつけておこうとしたのだろう。

信長と狩野永徳

織田政権期の絵画についてみてみよう。織田信長の安土城の天主は、内部に多数の障壁画があり、それらは狩野永徳が描いていたことはすでに記した。狩野派《かのうは》は室町幕府の御用絵師《ごようえし》をつとめており、永徳は狩野元信《もとのぶ》の孫にあたる。

安土城の障壁画以前にも永徳の作品は知られており、信長と関係が深いものとして、国宝の「洛中《らくちゅう》洛外図屏風《らくがいずびょうぶ》」（上杉本）がある。これは幕府の第十三代将軍足利義輝《あしかがよしてる》の注文によって作成したものであり、この時期にいくつか作られた「洛中洛外図屏風」の中でもっとも知られているものである。もともと義輝は上杉謙信に贈るためにこの屏風を作成させたと推測されており、依頼主の死によって贈られずにいたこの屏風を、信長が天正二年（一五七四）三月にあらためて謙信に贈ったのだった（黒田一九九六）。

信長が贈った意図は、謙信との同盟を継続するためという点で研究者の見解はほぼ一致している。さらに藤田達生氏は、屏風の中に義輝に見立てて描かれた少年を、信長は自分が保護している義昭の子義尋《ぎじん》に重ね合わせて、謙信へのメッセージとしたという見解を唱えている（藤田二〇一〇a）。信長が屏風によって幕府存続の意志を謙信に伝え、それゆえに謙信は信長との同盟を継続したという魅力的な見解だが、天正二年に織田・上杉間で交わされた書状に義尋の話題はなく、まだ検証が必要であろう。

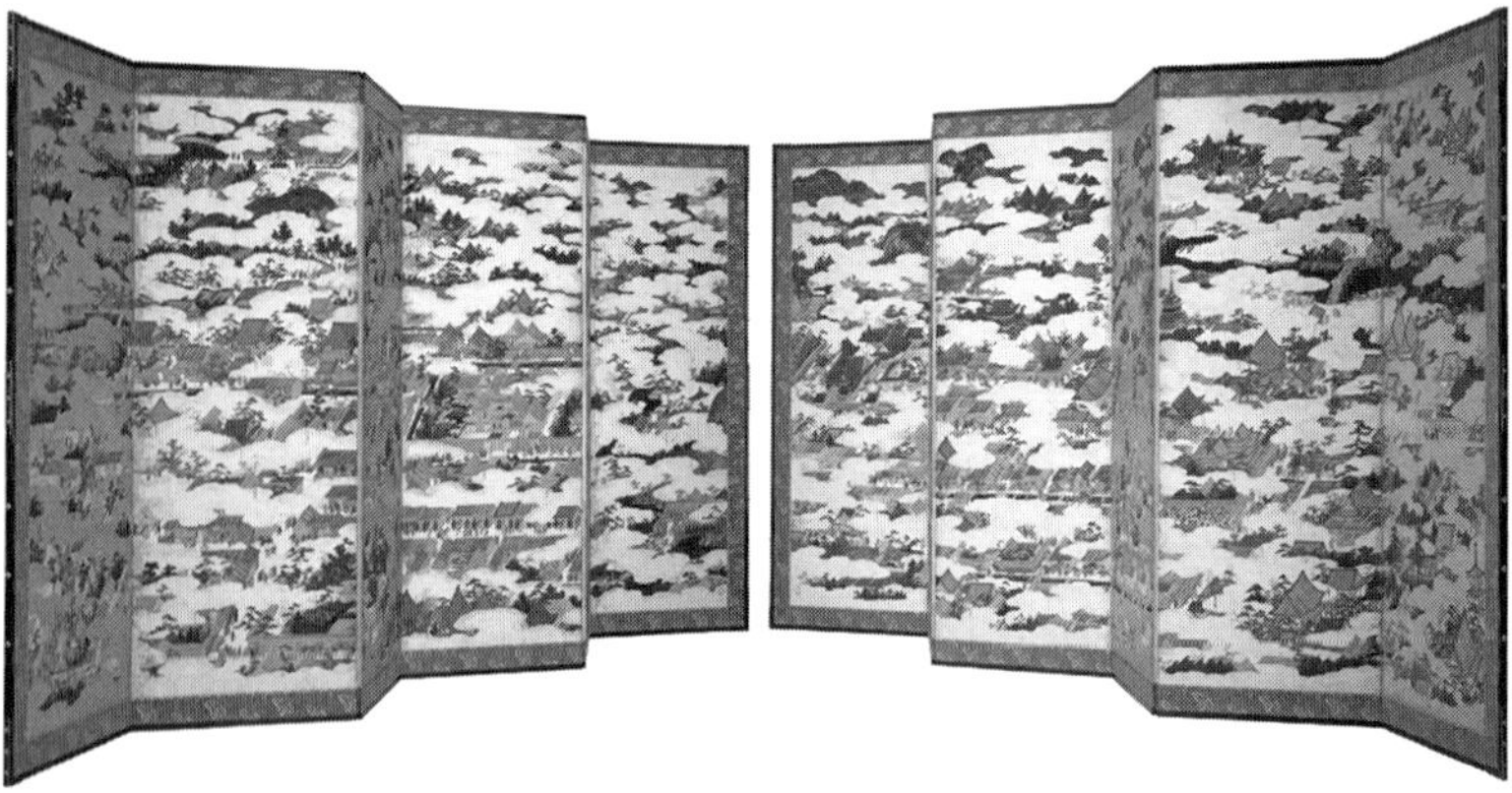

29—上杉本洛中洛外図屏風（米沢市上杉博物館所蔵）

30—「安土城図屏風」模写（カルターリ著、大橋喜之訳『西欧古代神話図像大鑑　続篇』〈八坂書房、2104年〉より転載）

その後、信長が安土城天主の障壁画を永徳に描かせたが、その際に永徳は弟子たちとともに安土に移住したという。永徳は安土城の本丸御殿の障壁画も手がけており、政権の御用絵師的処遇を受けていたといえる。永徳は信長の死後に豊臣秀吉の元でも活躍し、狩野派の地位を盤石《ばんじやく》とした。大徳寺《だいとくじ》が所蔵している信長像（図1）は、本能寺《ほんのうじ》の変後、秀吉が行った信長の葬儀を期に永徳に描かせたものと推測されている（京都国立博物館編二〇〇七）。

なお、安土城と城下町を描いた「安土城図屏風」も信長が永徳に描かせたものとみられている。信長は天正八年、この「安土城図屏風」を内裏《だいり》に持って行き天皇にも見せており、ルイス・フロイスによると正親町天皇はこの屏風を欲しがったらしいが、信長はイエズス会の巡察師ヴァリニャーノに贈ったのであった。この屏風はヨーロッパに運ばれローマ教皇の元に渡ったが、残念ながらごく一部分の模写の木版画が残っているだけで、実物が現存しているか否か定かではない。

『信長公記』の世界

織田政権と縁の深い文学作品として、本書でたびたびふれている『信長公記』がある。作者の太田牛一《おおたぎゆういち》は、もともと織田信長に仕えた家臣であり、手元にさまざまな出来事を書きおいていた。そうしたメモをもとにして、豊臣政権期に、牛一は信長の一代記を記したのである。なお、現在残されている『信長公記』諸本の中でもっとも成立が古いとされている『安土日記』は、信長の生前に記されたものとも推測されている（和田二〇一二）。

牛一の『信長公記』は『信長記』とも呼ばれるが、小瀬甫庵《おぜほあん》が牛一の著作を参照しつつ記した『信長記』のほうが有名になってしまったこともあり、『信長公記』と呼ばれるようになった。なお、甫庵の『信長記』は牛一の『信長公記』に比べて信頼性が低い（捏造や改変を各所で行っている）ことでよく知られているが、彼の別の著作『太閤記《たいこうき》』とともに、社会的影響力はかなり強かった。たとえば、長篠《ながしの》の戦いで信長が鉄炮を用いた画期的戦法を生み出したというイメージは、甫庵『信長記』がもとになっているとされる（藤本二〇〇三）。

牛一の『信長公記』は文学作品というよりも歴史資料として用いられることが多いが、それは内容の信頼性が比較的高いからである。通常、軍記は後の時代に記されるもので二次史料に分類され、鵜呑みにできないことが多いが、『信長公記』は文書や日記といった一次史料と内容が合う場合が多い。一方で、たとえば足利義昭の上洛作戦が信長のせいで一度失敗したことを記さず、朝倉義景《あさくらよしかげ》にやる気が見られないから義昭が信長を頼ったかのように記すなど、主人公である信長を持ち上げるような記述ももちろんある。ほかに日付を間違えた部分などもあるのだが、全体としては、牛一は記録性の高いものを記そうとしていたことは間違いない。

ただ、牛一がこうした著作をしていたことは当時からよく知られており、武士の中には牛一に頼んで自分や一族の活躍を著作に登場させてもらっている場合もあった。『信長公記』にもそうした作為の跡があることが指摘されている。岡山藩主池田家《いけだ》に、牛一自筆の『信長公記』（池田家本）が伝わっており、そこでは武田勝頼攻めの交名《きょうみょう》（従軍者リスト）に、池田恒興《つねおき》の次に子の池田輝政《てるまさ》の名が記されている。これは、牛一が池田家に配慮して、自著の内容を改変したのだという（金子二〇〇九）。

戦国時代を対象とする軍記は、作られた時期の人々（主に武士）にとって直接関係する内容であることが多い。彼らは、自分の家が軍記にどのように記されるか大きな関心を持っており、時には作者自身がそれに合わせて改変していたのである。

3　織田政権と宗教

織田信長と大坂本願寺は、天正八年（一五八〇）の勅命講和以後はどのような関係になったのだろうか。ここでは神田千里氏の研究成果を参照しながら説明していく（神田二〇〇七）。

講和後の本願寺

本願寺の顕如《けんにょ》と信長の間では、すでに講和の最中から贈答が始まっていた。さらに、八月（教如《きょうにょ》の大坂退去）、九月（重陽《ちょうよう》の節句）、十月（状況報告）、十二月（歳暮の祝い）、翌年正月（年始）と折にふれて贈答がなされており、両者は友好的関係を保とうとしていた。顕如は当時紀伊《きい》国の鷺森御坊《さぎのもりごぼう》に移住しており、翌天正九年三月に信長は諸国から鷺森に参詣する人々の通交を保障することを命じている。この内容は、『鷺森日記』によると瀬田《せた》・八幡《はちまん》・淀《よど》といった京都周辺の交通の要所に高札《こうさつ》として立てられたらしい。長年の対立を背景として織田領で参詣を妨げるような事態が実際に起こっていたものとみられ、それを止めようとする顕如側が朝廷を通して依頼したものであった。講和後の信長が、浄土真宗の信仰に対する弾圧をしていなかったことがこの事例からわかる。

天正十年正月、雑賀衆《さいかしゅう》の中で、土橋氏《つちばしし》と鈴木氏《すずきし》の対立が起こる。この時、顕如は双方を止めようとしたが、鈴木重秀《しげひで》は聞き入れず、安土に使者を送って信長から土橋攻撃の許可と援軍の約束を得て攻め込んだ。結果的に、鈴木勢が二月初頭に土橋氏とその親族の根来寺《ねごろじ》泉識坊《せんしきぼう》を雑賀から駆逐することでこの騒ぎは収まる。顕如は重秀に対して織田勢を引き入れて雑賀に混乱をもたらしたことを叱るとともに、朝廷と織田政権に対して事の次第を報告した。

この時、信長は側近の野々村正成《ののむらまさなり》を派遣して本願寺の警備にあたらせた。この信長の行為は、土橋氏と本願寺が合体することを警戒した側面もあっただろう。顕如側も、この事件を引き金に政権から弾圧を受ける可能性を危惧していたのではないか。顕如から義絶《ぎぜつ》された教如がこの時期諸国を廻っていたことも、両者に懸念をもたらしていただろう。結果として、事件が早期に解決したこともあって、政権と本願寺の間ではその後も友好関係が継続したのだった。

織田政権と高野山

真言宗の総本山である紀伊国の高野山金剛峯寺《こうやさんこんごうぶじ》（和歌山県高野町）と織田政権のかかわりをみてみよう。二重政権期に高野山は三好三人衆側に味方していたらしく、織田信長はそれを非難する朱印状《しゅいんじょう》を出している。その後、天正二年（一五七四）には高野山は信長側について大和に出陣していた。その後も特に対立関係はみられず、天正八年九月には信長が高野山に大和国有智郡《うち》を宛行《あてが》っている。

だが、この宛行の前月、信長は重臣の佐久間信盛を高野山に追放していた。その後信長は信盛に高野山からも出て行くよう命じる。翌年信盛が十津川《とつかわ》で死去したのち、信長は高野山の宿坊に対して信盛の遺品を提出するよう使者を送ったが、高野山ではこの使者を殺してしまったらしい。これに怒った信長は、諸国の高野聖《こうやひじり》を捕えるよう命じるとともに、高野山攻撃を決定した（『多聞院日記《たもんいんにっき》』天正九年八月十九日条）。翌九月にはさっそく根来寺が高野山への攻撃を開始しており、高野山は朝廷に依頼して信長を宥《なだ》めてもらったが効果はなく、両者の戦いは翌年六月に信長が死ぬまで続いた。

なお、『信長公記』では高野山にいる荒木《あらき》村重《むらしげ》の残党を差し出すよう命じたが高野山側が使者を殺したとあって、異なる事情が記されている。『信長公記』は軍記であり、史料の信頼性でいえば『多聞院日記』のほうが高いが、伝聞情報であるため判断は難しい。一方、こうした直接の契機以外に、それ以前から両者の関係が不穏になっていたとの見方もある。この年四月に織田政権は和泉国で指出《さしだし》を徴収しているが、その際に抵抗した槇尾寺《まきのおでら》（施福寺《せふくじ》）が指出を拒否しようとして織田勢に包囲されて退転する事件が起きており、『信長公記』はこのことを「高野山破滅の基か」と記しているのである。信長の高野山攻めを検討した岩倉哲夫氏は、高野山の持つ大和国有智郡の領地をめぐって、両者の対立が生じていたと指摘している（岩倉二〇〇一）。

このように、高野山攻めは仏教勢力への攻撃ではあるが、その根本は領地をめぐる対立にあった可能性がある。したがって、仏教弾圧とみなすのは適切ではなく、軍事力を持つ領主として攻撃されたとみなすべきだろう。なお、実際の高野山攻めに参加した軍勢はそれほど多くはなく、一瞬で終わった比叡山《ひえいざん》焼き討ちと比べるとかなり日数が費やされている。こうしたことから、岩倉氏は、信長は高野山を一気に壊滅させるつもりはなく、高野山の封じ込めが目的であったとみている。

安土宗論

織田政権と法華宗《ほっけしゅう》（日蓮宗）の関係というと、安土宗論（安土問答）がよく知られている。

安土宗論の概略を説明しよう。天正七年（一五七九）五月、安土城下で浄土宗の僧霊誉《れいよ》が説法をしていると、法華宗の信者建部紹智《たけべしょうち》・大脇伝介《おおわきでんすけ》が問答をしかけてきて、霊誉が法華僧からの問答なら返答しようと言ったため、浄土宗と法華宗の僧の間で宗論が行われることになった。それを聞いた織田信長は両者を和解させようとし、浄土宗は受け入れたが、法華宗は同意しなかった。

そこで信長は、南禅寺《なんぜんじ》（臨済宗）の鉄叟景秀《てつそうけいしゅう》を判定者として、安土城下の浄厳院（浄土宗）で宗論をさせることにした。結果、浄土宗が勝ち、法華宗の僧たちはその場で暴行を受けて逃げていった。信長は建部紹智・大脇伝介のほか法華宗の僧普伝《ふでん》（日門《にちもん》）の首を斬るとともに、法華僧数百人を捕えた。法華宗寺院への破壊・略奪も行われたという。法華宗は、負けを認めて今後宗論をしかけないと誓うという起請文《きしょうもん》を書き、罰金も支払うことでやっと許された。この起請文の第三条には「法華宗を存続させてくださることはかたじけないことと思います」とあり、法華宗は信長のおかげで存続できると

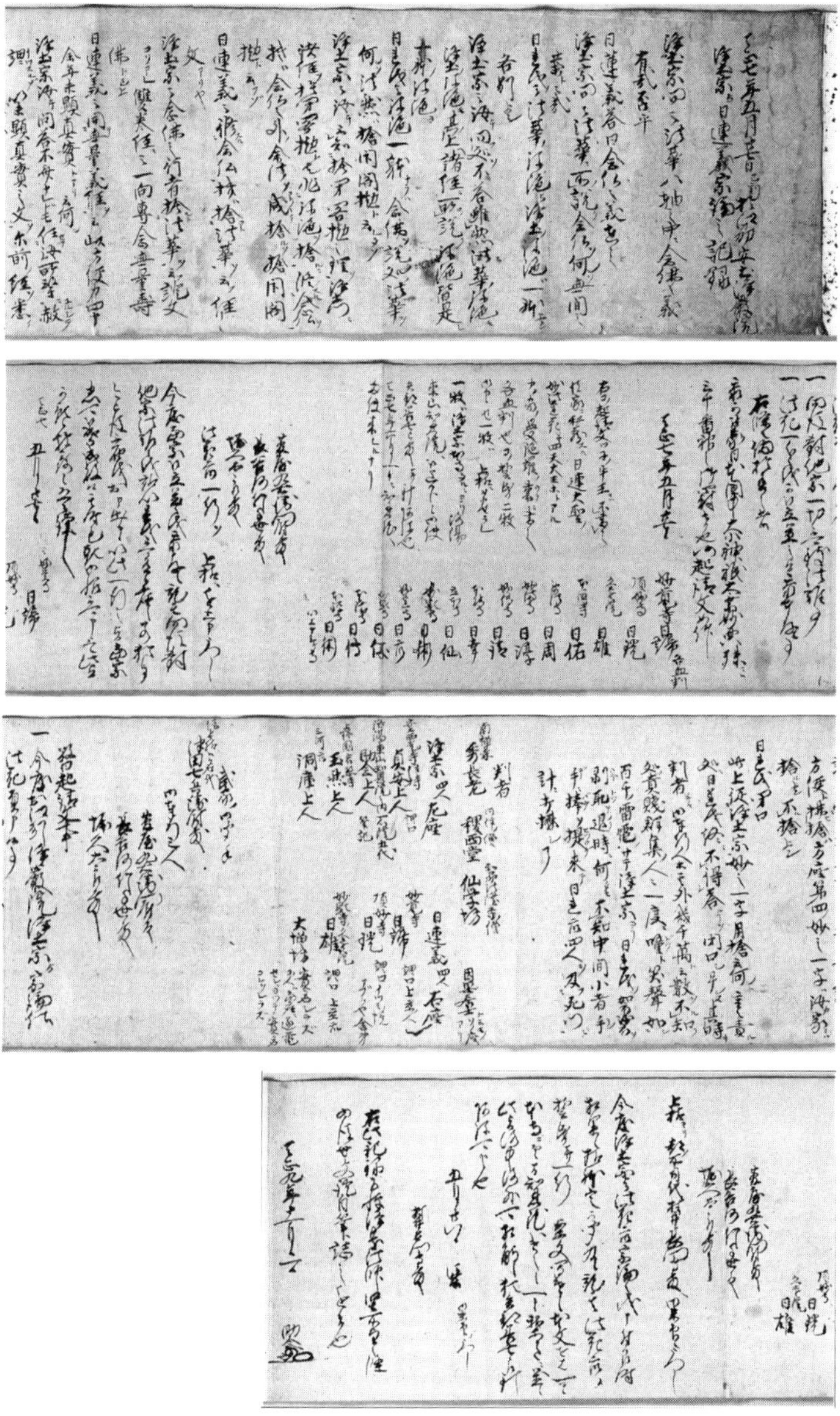

31―安土問答（浄厳院所蔵）

いう屈辱的な状況にさせられたのである。

法華宗側の受けた罰は宗派間の論争というレベルを超えており、政権からの弾圧とみてもいいだろう。浄厳院を会場に選んだことなどから考えると、信長は法華宗が負けるように仕向けたとみる余地もある。ただ、『信長公記』によると当初の信長は宗論を止めようとしていたのだから、最初からすべて信長が仕組んだとみるのは誤りである。安土宗論は、あくまでも法華宗が和解を拒否したために行われたのである。

法華宗は以前から仏教の他宗派に対して宗論をしかけ、それを武器として拡大する一面があった。こうした行為については、他の戦国大名たちも分国法《ぶんこくほう》などで禁止しているから、戦国時代には宗論が忌避されていたことがわかる。安土宗論で勝負が決まった途端に乱暴が行われているように、宗論によって無用な争いが起こるためであろう。となると、宗論から弾圧へという信長の行為は、宗論を禁じようという戦国社会の流れを汲んだうえで、強引な形でその達成を図ったものと捉えることができる。また、京都の町衆には法華宗の信者が多かったため、その経済力を警戒し奪おうとしたとの見方もある（河内二〇一三）。

なお、信長はこの後も法華宗の存在自体を否定することはない。信長がこの翌年から京都での屋敷として定め、最期の地となった、本能寺も法華宗の寺院である。信長が敵視したのは、あくまでも法華宗の攻撃的布教体勢や町衆とのつながりだった。

ルイス・フロイスは著書『日本史』の中で、織田信長を「仏僧や神、仏の寺社に対して特別の権勢と異常な憎悪を抱いていた」「彼は神や仏に一片の信心すらも持ち合わせていないばかりか、仏僧らの過酷な敵であり」などと記している。こうした記述と、実際に信長が延暦寺《えんりやくじ》や一向一揆《いっこういっき》などにしたことを重ねて、信長は仏教あるいは権力を持つ寺院を憎んでいたために弾圧していたという見方が強かった。

信長と仏教

しかしそうした見方が偏っていることはここまでみてきた通りである。比叡山延暦寺は朝倉・浅井への協力、大坂本願寺・一向一揆は三好三人衆への協力と軍事的蜂起、法華宗は他宗への攻撃的姿勢、高野山金剛峯寺は領地問題と政権の使者殺害など、それぞれ政治的・軍事的対立が弾圧の根底にあった。こうした背景と、本願寺との関係回復などを考えると、信長は仏教そのものではなく、世俗権力に対する寺院からの政治的・軍事的介入という状況に対して、反発を持っていたのではないかと思われる。こうした寺院による介入は中世では当たり前のように行われてきたから、その意味では、信長の弾圧によって大寺院の中世的なあり方が変わったという評価は正しい。

対立したことでよく知られているこれらの寺院・宗派以外に対しては、基本的に大きな弾圧はしていない。たとえば、延暦寺と対比される奈良の興福寺《こうふくじ》は軍事的に弾圧されたりはしていない。ただ、積極的に保護したわけでもなく、たとえば寺社が所領の回復などを求めてきた場合は対応するが、政権側から自発的に寺社領を寄進するのは門跡《もんぜき》寺院に対してのみであり、総合的にみて信長の寺社への対応は消極的だったと伊藤真昭氏が指摘している（伊藤二〇〇三）。

法華宗などへの姿勢とは裏腹に、それほど邪魔だと思わない仏教勢力に対しては、積極的に支配していくのではなく、無関心・現状維持というのが、実際の信長の姿勢だったのではないか。「一片の信心すらも持ち合わせていない」というフロイスの記述は、安土の摠見寺や浄厳院のことを考えるとやや大げさな表現といえるが、当時の大名たちと比べれば信仰心が薄かったのは間違いないだろう。

キリスト教への姿勢

キリスト教は戦国時代にイエズス会によってヨーロッパから伝来したが、織田信長はこれに好意的だったことでよく知られている。仏教の僧侶たちはイエズス会の宣教師たちを敵視し、時に権力者に働きかけて彼らを京都から追放させようとした。ルイス・フロイス『日本史』によると、二重政権期、朝山日乗が正親町天皇や足利義昭、そして信長に、宣教師の追放を訴えた。義昭と信長はこれを受け付けなかったが、正親町天皇は日乗の進言を受けて追放を命じる綸旨《りんじ》を出してしまう。それに対し、義昭は京都への人物の出入りは天皇ではなく自分の権限で決めると述べ、信長は天皇も義昭も気にしなくていい、すべては自分の権力の下にある、と述べたという。その後も、信長は宣教師らと会うと親密な姿勢を見せ、彼らの話す内容や彼らの贈り物を喜んだとされている。織田政権の家臣の中には洗礼を受けた者もおり、信長の三男の神戸《かんべ》信孝《のぶたか》も「キリシタンになりたい」と語っていたという。

フロイスの『日本史』に記されている信長と仏教の対立が鵜呑みにはできないように、宣教師が信

32—都の南蛮寺図扇面（神戸市立博物館所蔵）

長によるキリスト教への理解を強調した部分も慎重に読む必要がある。宣教師たちは、織田政権の強大さと、それによる優遇を強調することで、ヨーロッパに自分たちの成功を印象付けようとする傾向があったように思われる。日本にキリスト教が入ってきた当初、日本人はキリスト教を仏教の一派と誤解する傾向があったから、信長もそうした考えのもとでキリスト教を受け入れていた可能性も考える必要があろう。松永和也氏は、信長がイエズス会に与えた朱印状が、他の仏教寺院に与えた禁制《きんぜい》と変わらなかったと指摘している（松永二〇一七）。

信長がキリスト教保護一辺倒ではなかった事例としては、天正六年（一五七八）、荒木村重の離反にまつわる事態が知られている。フロイス『日本史』によると、信長はイエズス会に対して、村重の配下でキリシタン大名として知られる高山重友《たかやましげとも》を味方につけることができたならば宣教師の望みを何でも叶えると言い、一方で司祭を人質として監禁した。その話を聞いた重友は、自分が降伏しなければ近畿のイエズス会が全滅すると悩み、信長に降った。これによってキリスト教は事なきを得たものの、もし説得が失敗していたならば、弾圧が行われていた可能性は否定できない。信長自身にキリスト教への信仰心が皆無だったゆえに、彼が向けていた好意は絶対的なものではなかったのである。

信長の神格化

織田政権と宗教との関係の締めくくりとして、織田信長の自己神格化の問題についてふれておきたい。

フロイスによると、晩年の信長は、人間ではなく「不滅の主であるかのように万人から礼拝」されることを望んだという。信長は安土山の摠見寺に、①ここは富者が礼拝すればより富を増し、貧者は富裕になり、子孫にも恵まれる、②八十歳まで健康を得られる、③信長の誕生日に参詣を命じる、④これらを信じる者は利益があるが、信じない者は現世でも来世でも滅亡する、といった内容を書いて掲げた。また、諸国から仏像を集めさせた。そして、信長は「自らが神体《しんたい》である」と言う一方、盆山という石を神体代わりとして摠見寺の一番高い場所に置き、すべての仏の上に位置させたという。

これらをみていると、新興宗教「信長教」とでも呼びたくなる。こうした記述をもとに、信長は自分が神となって人々の崇拝を集めようとしていたとして、研究者の注目を集めてきた。たとえば朝尾直弘氏は、一向一揆や天皇といったイデオロギーと対峙した信長が、それを克服する手段として自己神格化を図ったとみた。そして、大名たちの上に立つ絶対者としての地位を確立し、近世の将軍権力を生み出したものと評価している（朝尾二〇〇四）。フロイスは単に信長が思い上がった末に突拍子もないことを言い出したかのように記すが、朝尾氏はこれを信長が権力を確立するための戦略とみたのである。

信長の神格化については、イエズス会側の史料にのみみられ、日本側の史料にはまったくみられないという特徴がある（『信長公記』には安土城天主の二階の書院に「ぼんさん」があったと記されているが、これをフロイスのいう神体と同一とみていいかは疑問が残る）。そのため、フロイスの記述は、信長が本能寺の変で死んだことを神罰とみなし、誇張して描いてあるのではないかという指摘もある（三鬼二〇一二）。フロイスが記したことが本当かどうか、本当だとしても神格化の意図があったかどうかを慎重に見極める必要があるだろう。そして、やはり信長自身が生前に神格化を望んでいたとしても、豊臣秀吉や徳川家康など、信長に続く天下人たちが死後に神となったことと違いがあるのか否かも考えなければならない。

筆者としては神格化については懐疑的である。たとえば誕生日に参詣すべしという③の部分については、もともと中国で皇帝の誕生日を祝う風習があり、それが禅宗を通して中世日本に伝来し、足利《あしかが》義満《よしみつ》以後に権力者の誕生日に祈禱を行わせることが定着していったという木下聡氏の指摘がある（木下二〇一五）。将軍の誕生日に祈禱を行わせるという幕府のあり方を信長も摠見寺でやらせようとして、それをフロイスが拡大解釈して書いたのではないか。これも日本側史料に裏付けがないという問題は同じだが、本書としては神格化を大きく捉えることには慎重でありたい。

六　織田政権の構造と限界

1　信長の政策

岐阜楽市令

美濃《みの》攻略にあたって、織田信長は多くの寺院・神社などに、軍勢による略奪や寄宿を禁じる制札《せいさつ》（禁制《きんぜい》）を発給している。その中の一つとして、美濃攻略直後の永禄《えいろく》十年（一五六七）十月付で岐阜城下の「楽市場」に宛てて出した、信長初めての楽市令があることが知られている。内容は、①この市場に引っ越す者の交通を保障し、徳政《とくせい》を認め、税（地子《じし》・諸役）を免除する。②押し買い・狼藉《ろうぜき》・喧嘩・口論を禁じる。③理不尽な使者が（市場に）入り、宿を取って非分をかけてはいけない、といったものになっている。さらにその翌年九月、信長が足利義昭《あしかがよしあき》を京都に連れて行ったその月に出した制札には、第二条に「楽市楽座」という言葉が登場する。

これらの岐阜楽市令は、城下町を発展させるために税を免除した画期的法令という見方がされることもあったが、現在では多くの研究者から異論が出ている。たとえば勝俣鎮夫氏は、この楽市令が円《えん》徳寺《とくじ》という寺院に伝わったことをもとに、寺内町《じないまち》として以前から楽市だったものを引き続き保障した、安堵《あんど》型楽市令であると指摘した（勝俣一九七九）。一方、小島道裕氏は、この楽市場は門前町ではなく斎藤《さいとう》氏《し》の段階から城下町の一部であり、都市に人を集めるための時限的楽市だったとした（小島二〇〇五）。

こうした研究は、信長以前から他大名が楽市令を出していること、さらにそれ以前に、楽市となっていた市があった（＝楽市は大名権力が新たに思いついたものではない）ことを前提としている。したがって、楽市令は信長が生み出した画期的政策というのは二重の意味で誤りである。近年、長澤伸樹氏は、永禄十年の楽市令は織田・斎藤間の戦争の被害から城下町を復興させるための平和宣言の役割を持ち、翌年の「楽市楽座」文言は復興しつつある城下をさらに発展させるために商取引を促す標語であったと指摘している（長澤二〇一九）。

このように、岐阜楽市令の画期性は否定的見方が強く、城下町振興という点でも、復興的要素が重視されている。他の禁制と同時期に出されたことからみて、市場の関係者側からの働きかけによって出された可能性もあろう。斎藤龍興《たつおき》を追い出して小牧山《こまきやま》から移ってきたよそ者の信長が、岐阜城下町を復興・安定させるために出したのが岐阜楽市令であった、とここではみておきたい。

安土楽市令

安土城下町への楽市令は、織田信長が安土城《あづちじょう》を作り始めた翌年、天正《てんしょう》五年（一五七七）六月に制定された。岐阜とは異なり十三ヶ条の長文である。主な特徴をかいつまんで挙げると、①町全体を楽市とし、座・税・役（普請《ふしん》・伝馬《てんま》）・徳政も免除する。②街道を通る商人を安土に寄宿させ、博労《ばくろう》の近江《おうみ》国内での馬売買も安土で行わせる。③火災や犯罪の家主・買い主への連座制を廃止する。④移住してきた者は元の住人と同様とし、誰の家来でも妨害させない。⑤喧嘩口論を禁止する、といった内容になる。

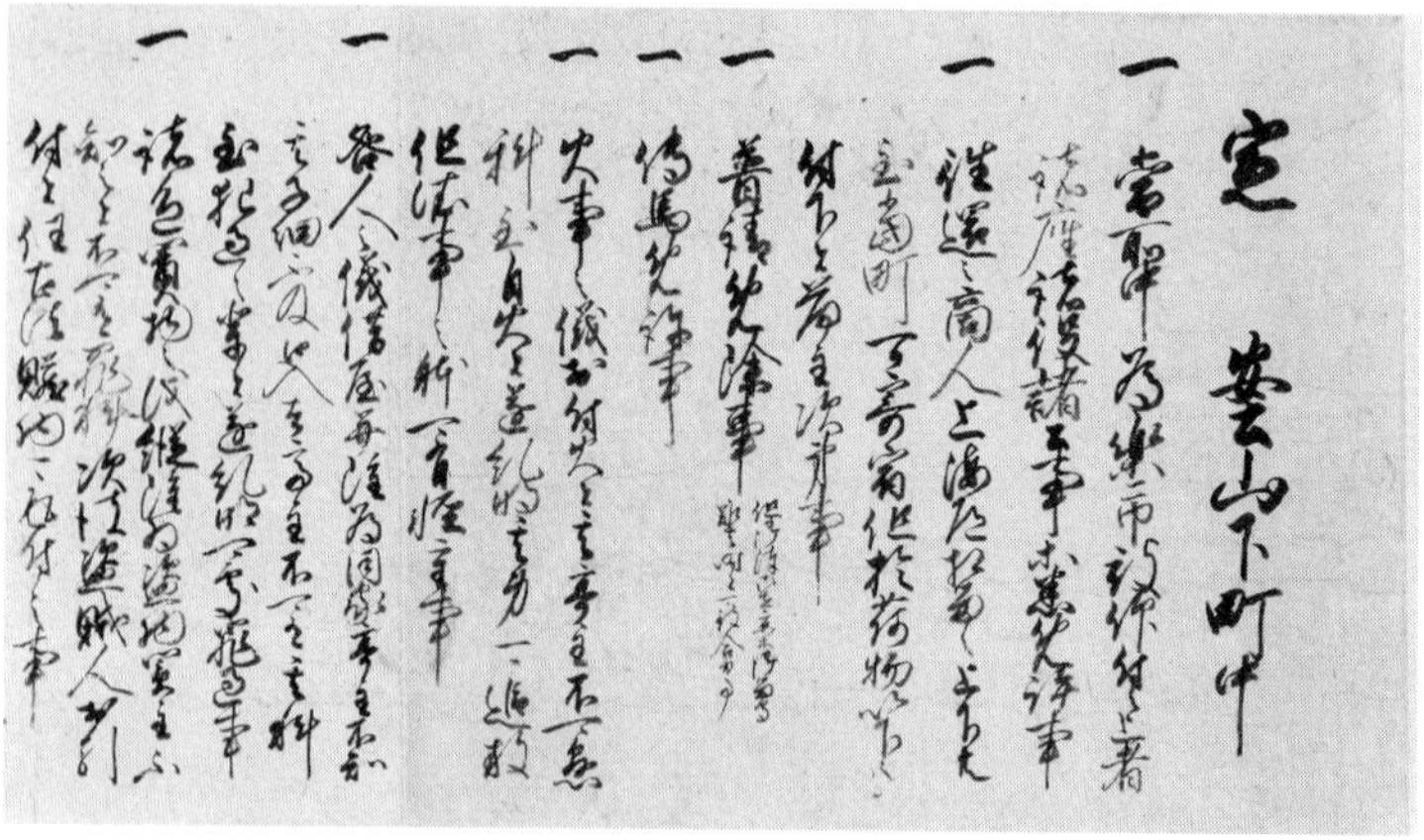
定　安土山下町中

右の特徴からわかるように、この楽市令は、商売・居住に関する特権付与と、安全保障・住人保護を宣伝し、商人の集中を図ることで、新城下町を建設していくための法である。これが安土築城の一年後という時期に出されたことからみて、当初思っていたより人が集まってこなかったために出した可能性も考えられる。そうであるならば、安土楽市令の効果がそれなりに発揮されたことで安土城下町が発展したといえる。

勝俣鎮夫氏は、まったく新たな城下町を建設するために、他所の楽市場の性格をこの地にも適用して繁栄を図った、政策型楽市令として安土楽市令を評価した（勝俣一九七九）。岐阜の場合と異なり、安土の場合は城下全体への新規の政策として楽市が適用されたことが特徴といえる。既述のように安土はまったく一から作られたのではなく、豊浦《といら》などの集落を取り込んではいるが、新規造成部分の多さを考えればその評価を覆すほどではない。

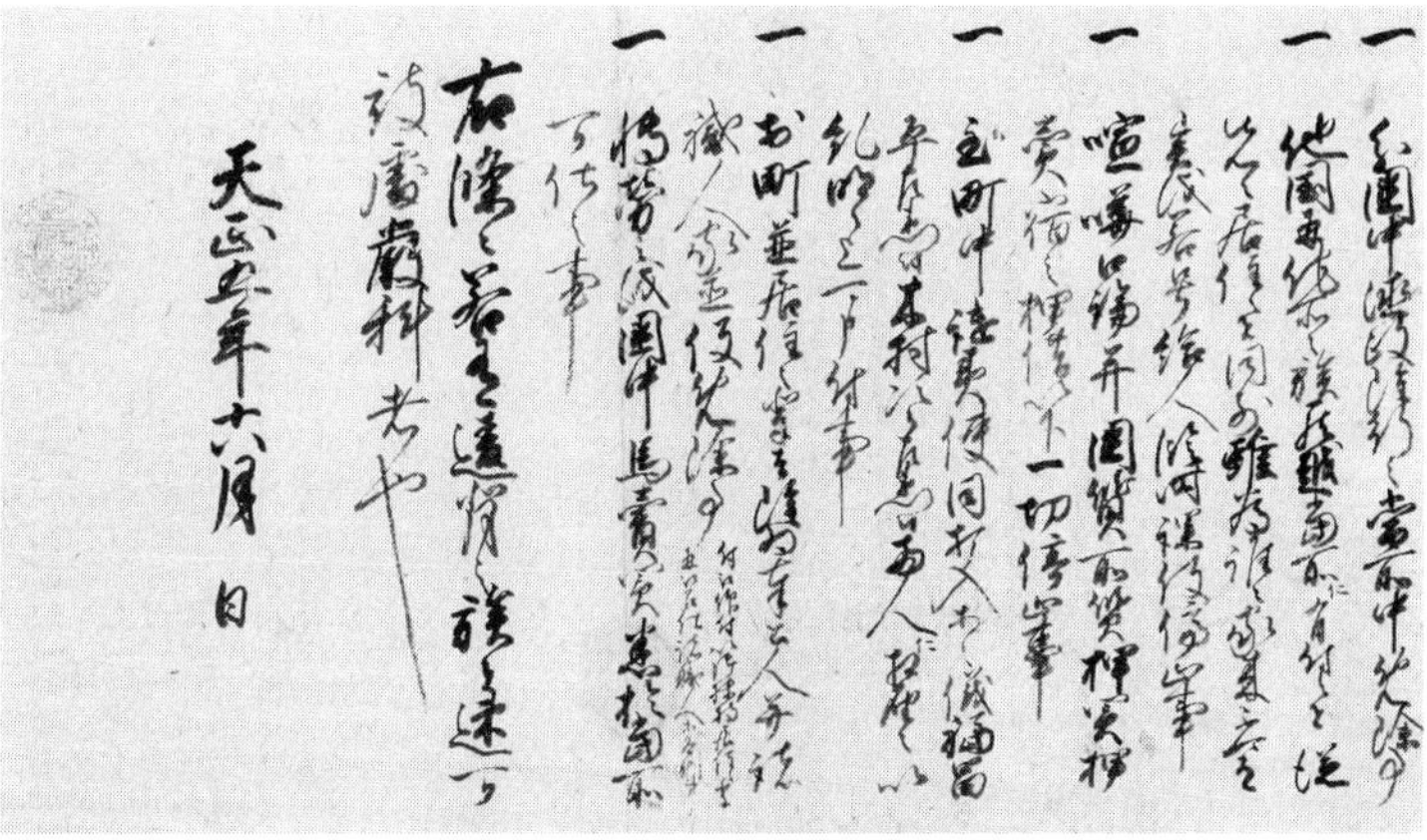

33—安土山下町中掟書（安土楽市令、近江八幡市所蔵）

ただし楽市場という発想自体は既存のものだから、革新性を強調するのは誤りであるとも勝俣氏は述べている。

なお、岐阜と安土両方の楽市令にみられる楽座（安土の場合は税と並んで「諸座」を免除とする）については、中世の同業者組合である座に役銭《やくせん》を支払わなくても商売をしていい、という許可である。一方で、以前説明した堺《さかい》の馬座や、近江では建部《たけべ》の油座《あぶらざ》のように、織田政権のもとで保護される座もあった（『織田信長文書の研究』六五四号）。つまり、楽座は座の否定政策ではなく、一部の町に限った振興政策として用いられていたのである。座そのものを否定する政策が出るのは、信長の死後、豊臣（羽柴）秀吉の時期になってからである。

交通・流通政策

天正二年（一五七四）末から翌年にかけて、織田信長は分国《ぶんこく》中に三間《けん》の広さの道を作るよう命じ、あわせて関所の廃止も命令した。道の工事は京都方面でも行っており、民衆の通交の利便性を図るという流通・経済政策としてよく知られている。この年は武田氏に対して遅れを取っていたことが目立つから、軍勢の機動力を高めるための整備という側面もあっただろう。信長の命令以後も、息子の信忠《のぶただ》が尾張《おわり》・美濃に道の整備命令を何度か出しており、基本政策となっていたことがわかる。天正三年には近江国瀬田《せた》に広さ四間、長さ百八十間の橋も作らせており、こちらも岐阜から京都へ往還しやすくする交通政策である。ちなみに道や橋の整備は信長だけの志向ではなく、朝倉氏《あさくらし》や伊達氏《だてし》、武田氏などの事例があり、戦国大名の基本政策であったという評価もなされている（宇佐見二〇一〇）。信長はそうした政策を、広大な織田領国全体にわたる大規模な整備体制として継承していったのだった。

中世の関所は、通行する人から金銭を徴収するための経済関としての存在が主であった。人がよく通る地点に関を設ければ固定収入となることから、勝手に関を作る者がかなり多かった。そのため、鎌倉幕府などは新たな関の停止などを命令しているが、抑止はできず、既存の関の廃止にも至っていない。戦国大名の中では、今川氏親《いまがわうじちか》が分国法『今川仮名目録《いまがわかなもくろく》』二十四条で、領国内の津料《つりよう》（港の関税）と、遠江国《とおとうみ》の駄之口《だのくち》（馬から通行料を取る関所）を撤廃しており、関所停止の方向を示していたことが知られる。信長はそうした方向性を受け継ぎ、さらに徹底していったのだった。

なお、信長は、二重政権期の永禄十二年（一五六九）の段階から、伊勢国《いせ》ですでに関所停止を行っている（『信長公記《しんちょうこうき》』）。関所撤廃は流通を円滑にする政策であるが、新支配地で積極的に行っていることからみて、民心を掌握するためのアピールという側面もあったものとみられる。関所から収入を得ていた勢力にとっては痛い政策であり、打撃を受けた中には信長に従う武士や有力寺社もあっただろう。それでもなお関所を撤廃したことから、この政策は「楽市令などよりもはるかに強い大名のイニシアティブのもとで推進された」ものであったと桜井英治氏は指摘している（桜井・中西編二〇〇二）。

織田政権と銭

中世を通して、日本では中国の貨幣を商取引に用いていた。ところが十五世紀に中国では、模造銭が出回ったことなどを要因として悪銭《あくせん》が多く流通するようになり、人々がそれを用いることを嫌ったため取引が滞るようになる。そうした撰銭《えりぜに》と呼ばれる状況は、日本でも同様に起こるようになり、徴税にも問題をもたらした。これに対応するため、戦国時代の幕府や大名は、撰銭令（撰銭禁令）を出して、撰銭の対象となる銭を限定したり、精銭《せいせん》（好まれる銭）と悪銭を一定の割合で混ぜて使うよう命じたりしていた。

織田信長は、二重政権期の永禄十二年（一五六九）二月と三月に、京都や摂津《せっつ》国の天王寺《てんのうじ》などに撰銭令とその追加令を出している。他大名の撰銭令が精銭と悪銭の混入比率を定めた法とすれば、信長の撰銭令は、精銭と悪銭の価値の差を悪銭の種類ごとに三段階（精銭の二倍・五倍・十倍）に定義することで交換比率を定めたものであり、民間取引で行われていた慣行を取り込んだものであった。追加令では、金と銀と銭の間のレートを定め、高価なものは金銀で売買するようにと命じている。このように、信長は精銭不足や取引忌避といった貨幣秩序の混乱に対応を余儀なくされ、金・銀・銭といった貨幣それぞれに価値の差をつけることで解決を図ったのだった。

なお、江戸時代には金・銀・銭の三貨《さんか》制度があり、信長の撰銭令をその始まりとみる余地もあるが、信長の場合は高価な品物限定で用いよとあり、銭とのレートも金銀がない場合のために設定したものだから、こうした見方には疑問が唱えられている。さらにこの撰銭令の背景として、足利義昭上洛戦に参加した軍勢が持っていたのが悪銭であったため、それを撰銭されずに受け取ってもらえるようにすることが目的だったと藤井譲治氏が指摘している（藤井二〇一三、同二〇一四）。戦国時代の日本では地域によって悪銭とされる銭が異なっていたから、地方では普通に使っている銭でも、京都に持ってくると悪銭扱いされてしまうこともあったのだろう。実際、信長が朝廷に献上した銭に悪銭が多かったらしく、ここで恥をかいたことが撰銭令発布の動機だったとみる説もある（川戸二〇二〇）。

信長が上洛したこの時期、中国（明《みん》）では銀遣いの普及や海禁《かいきん》（私貿易の制限）の一部解除（日本への貿易は禁止）が行われたことで、中国から日本への銭の流入が減少したとみられている。日本国内でも銭の密造は行われていたが、中国からの減少分を補うほどではなく、国内では銭の稀少化が進行したらしい。それによって、人々は悪銭を忌避していられなくなり、多様な悪銭をビタと呼んで、等価値の銭として使用するようになった。先にみたように、信長の撰銭令は銭の価値の階層差を認めた点が特徴だったが、階層化はその直後に収束していってしまったのであった（桜井二〇一七）。

なお、柴田《しばた》勝家《かついえ》や羽柴《はしば》長秀《ながひで》（秀長。秀吉の弟）といった織田家臣・陪臣《ばいしん》たちが、ビタなどの悪銭を等価値で使用する命令を出しており、これを織田政権全体での方針転換とする指摘もある（高木二〇一〇）。この説によれば信長は撰銭令以後に変化した貨幣状況に対応していたことになるが、信長本人の命令は見つかっていないため、今のところ断言はできない。

貨幣と石高制

永禄十二年（一五六九）の撰銭令の追加令には、米を用いて売買することを禁じる条文もある。当時の人々は、社会的に銭が不足したり、あるいは銭の価値が不安定だったりした場合、米を銭の代わりに使って売買することも行っていた。織田信長はそれを禁じようとしたのである。禁止した理由は、食料としての米を確保するため（当時京都では米の供給量が減っていた）、あるいは銭を使用させるためといったものが考えられている（高木二〇一〇）。

ただし、この米による売買の禁止はうまくいかなかった。先に説明した銭の不足状況によって、民間では信長の命令を無視して米を使って売買することが増えていったのである。それによって、土地の売買などで、米の量によって価格を表記することも広がっていった。特に二重政権期から織田政権期にかけて、畿内の土地の価値表示が米の量に切り替わったことが明らかにされている（浦長瀬二〇〇一、高木二〇一〇）。

信長は当初、家臣に与える土地を銭の量で表記する、貫高制《かんだかせい》を用いていた。貫高制とは、たとえば家臣に銭千貫分の土地を与え、軍役《ぐんやく》としてそれに見合う数の兵を連れてこさせる知行制《ちぎょう》である。銭の価値が不安定だと、貫高制自体も不安定になってしまう。そうしたことから、土地の価値表示に米を用いるという民間の慣行を織田政権も採用し、家臣の領地の表記に石高制《こくだか》を導入したのであった（本多二〇〇六）。石高制への転換は、信長以前から石高制だった近江国などを除くと、天正三年（一五七五）の公家・門跡《もんぜき》領への給与や、後述する畿内での土地調査によって広がっていった（高木二〇一〇）。一方、尾張などでは貫高制が続いており、全領国で一斉に石高制に切り替わったわけではなかった。

米の量を計るためには升《ます》を使う必要がある。ところが、中世にはさまざまな種類の升が存在しており、一つの地域で容量の違う升が使い分けられていることも少なくなかった。そこで戦国大名たちは、基準となる公定升を定めていく。織田政権の場合は、判升《はんます》と呼ばれる升を公定升としており、これは豊臣政権が用いた京升と同一のものであった。これによって、石高制は統一した基準を持つことができたのである。

なお、石高制だと、家臣に軍役を負担させる際は、領地百石あたり何人といった基準となる。こうした軍役基準は、織田政権の場合、家臣の明智《あけち》光秀《みつひで》が天正九年に制定した軍法《ぐんぽう》にはっきり記されている。ただ、これについては、家臣が制定した軍法を政権全体のものとみていいかという問題と、そもそもこの軍法自体がのちの時代に偽作された恐れがあるという問題がある（堀二〇一九）。したがって、織田政権の実際の軍役基準については、保留とせざるをえないのが現状である。

検地と指出

貫高制にしろ石高制にしろ、田や畠の価値を数値で表わすためには、その土地の情報をある程度把握しておかなければならない。そうした土地情報の調査の種類は、村人や村の領主（織田家臣）に情報を提供させる指出《さしだし》と、現地に役人を派遣して調査する検地の二種類に大別される。

指出や検地などの土地調査は、支配のために必須であるため、新たな土地を支配した場合や、土地権利をめぐる紛争がある場合、領主が代替わりした場合など、さまざまな経緯で行われていた。織田信長が公家衆の所領を調査させたことも、いわば公家からの指出徴収であった。

天正五年（一五七七）、越前《えちぜん》国で柴田勝家が検地を行っている。この検地の方式はおそらく柴田独自であり、織田政権の他地域とは異なっていたとみられるが、その特徴は、徴収した指出を土台として縄打（測量）を行う、斗代《とだい》が一・五石と一定している（のちに豊臣政権が実施した、いわゆる太閤検地《たいこうけんち》では段階制）、検地帳を村に交付しない（太閤検地は交付）、一筆《いっぴつ》（田畠一枚）ごとの名請人《なうけにん》（年貢納入者）を記さない（太閤検地は記す）といったものであった（木越二〇〇〇）。

織田政権の土地調査としてもっともよく知られているのは、天正八年、大和《やまと》国に対して行った指出徴収である。この時信長は、上使《じょうし》として滝川一益《たきがわかずます》と明智光秀を派遣し、興福寺《こうふくじ》をはじめとする大和国内の領主たちに帳簿を作らせて指出をさせた。この時、信長は興福寺に「不正（隠蔽）があったら寺《じ》領《りょう》を没収されてもいい」という起請文《きしょうもん》を書かせている。たとえば興福寺側が「畠一所」と書いて提出してきた部分を面積表記に書き改めさせたように、再調査（場合によっては検地）も求めながら、しっかりした情報を提供させようとしていた。また、この時に、先述のように貫高を石高に改める命令も

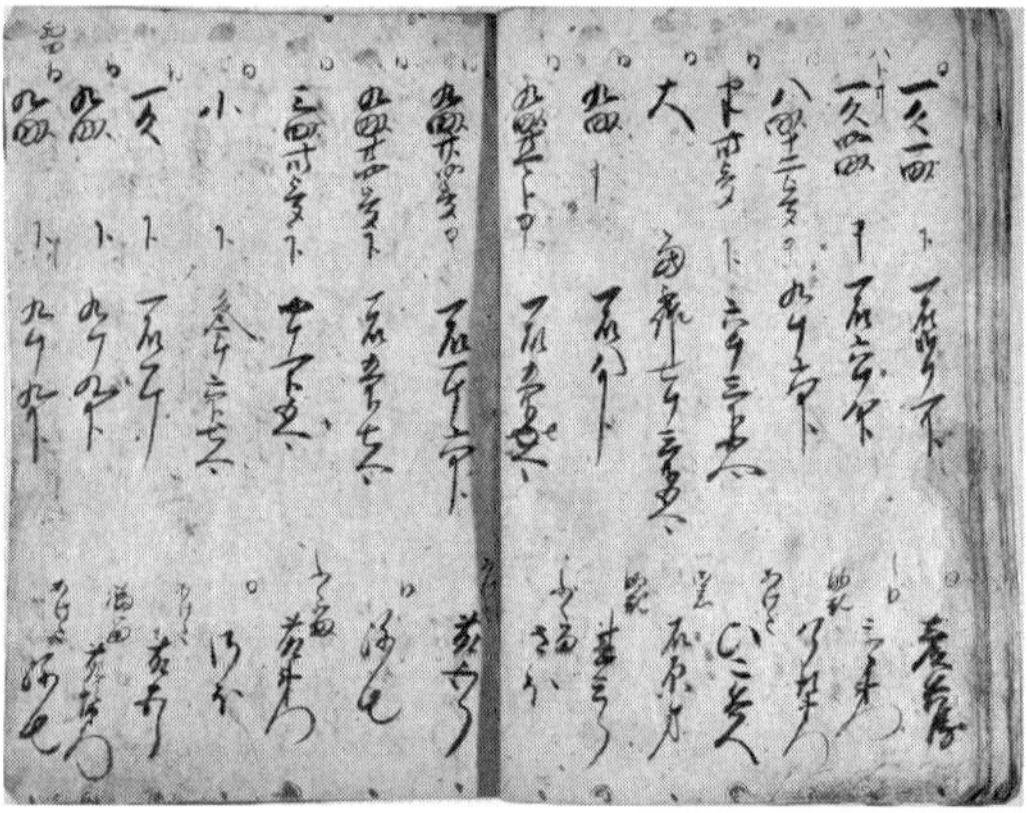

34—天正８年（1580）10月24日付播磨国飾東郡緋田村検地帳の写し（個人所蔵、兵庫県立歴史博物館提供）

している。指出というと、検地に比べて不徹底というイメージがあり、たしかに測量したほうが正確な把握ができることは確かであるが、それでもこの大和国指出ではなるべく詳細な把握を目指していたのである。

この天正八年と翌年は、大和国指出のほかに畿内近国の各地で指出や検地が行われており、羽柴秀吉も播《はり》磨《ま》国で検地を行っている。同時期に不要な城が破却されたことも含めると、これらの政策は、大坂本願寺《おおさかほんがんじ》との戦争が終結したことによる、畿内近国支配体制の整備政策とみていい（高木二〇一〇）。戦争続きでなかなかできなかった畿内支配の基礎固めが、この時期になってようやくできるようになったのである。畿内は土地の所有関係が複雑な地域が多いことを考えると、広範囲に土地調査を行ったこと自体が大きなことだったと評価できるだろう。

天正九年に信長は、細川藤孝《ほそかわふじたか》に対して、丹後《たんご》国の領主たちから指出を取り、その指出の分の土地を彼らに与えて、残りは細川領にするよう命じた。この命令に基づき、藤孝は検地を行い、同国の知行制を石高制に転換している。この検地では、たとえば一色氏《いっしきし》の領地の増分（調査によって判明した収入）を藤孝と明智光秀に与えているように、指出分しか安堵されない旧来の領主に比べて、藤孝らを優遇する方式となっている。こうした知行関係の改変は政権側に大きなメリットがあり、のちの豊臣政権は検地と知行替をセットにすることでこの方向性を推し進めていくことになる。

城下町集住はあったのか

織田信長が他の戦国大名を凌駕する政権を立てられたのは、兵農分離を行ったからだといわれることがある。これについて筆者は、信長も、その後の豊臣（羽柴）秀吉も、兵農分離政策は行っていないと考えている（平井二〇一七a、同二〇一八）。すべてを説明することはできないが、特に城下町への家臣の集住という点について、説明しておきたい。

『信長公記』によれば、天正六年（一五七八）、信長は安土城下町に妻子を移住させていない馬廻《うままわり》衆《しゅう》・弓衆を問題視し、尾張国の彼らの私宅を焼き払わせて妻子を引っ越させた。同年七月には、その後も引っ越さなかった馬廻衆の井戸《いど》将元《まさもと》を殺害している。かつては、この出来事をもって、信長が家臣の領地居住を否定し、城下町居住を強制させた政策であるとみなし、織田政権の兵農分離が語られていたのである。

だが、信長が私宅を焼かせたきっかけは、「弓衆の家で火事が起きたのは妻子が屋敷にいないせいだ」という信長の発想であり、かなり突発的なものである。その他の家臣をみると、たとえば荒木村《あらきむら》重《しげ》は家族と一緒に有岡城《ありおかじょう》で反乱しており、安土に妻子を置いていない。九鬼《くき》嘉隆《よしたか》の妻子も領地におり、前田利家《まえだとしいえ》などは信長から「妻子を（新領地の）能登《のと》国に連れて行け」と言われている。つまり、織田政権の家臣たちは、安土城下町に屋敷を持っていても家族を自分の領地に住まわせることが一般的だったし、信長もそれを認めていたのである。

家臣たちの動向をみると、正月の儀礼に参加するために安土に行くほかは、報告などがある時くらいしか安土を訪れていない。妻子を安土城下に住まわせるどころか、家臣本人も自分の領地や前線で暮らすのが基本だったといえる。安土城下の家臣屋敷は、おそらくわずかな留守居《るすい》だけが住んだり、閉鎖状態にあったりしたものも多かったのではないだろうか。そもそも安土城下町の重臣の屋敷が遅れて作られていったことも以前記した通りである。

このように、織田政権が家臣を村から引き剝がして城下町居住を強制したという見解は成り立たず、ましてや兵農分離していたから織田軍が強かったという証拠も皆無である。武士たちが城下町に集住するようになり、またいわゆる兵農分離と呼ばれる状態が訪れるのは、もっと後の時期になってからとみたほうがいい。

2　家臣団の構造

織田政権の家臣団

織田氏の家臣団は、尾張国の一領主だった段階からの譜代《ふだい》の家臣がおり、その後織田信長の代に急拡大していく中で、信長が低い身分から取り立てたり、他大名やその家臣を服属させたり、室町幕府の幕臣を家臣化したりといった経緯で増加していった。家臣の中には、織田一族や大名クラスの重臣、城主層、土豪層、馬廻衆・弓衆などさまざまな者がいる。ここでは重臣たちをみてみたい（谷口二〇一〇）。

一国を支配する大名のような支配域を与えられた家臣を織田政権の重臣と仮定するならば、佐久間《さくま》信盛《のぶもり》、柴田勝家、羽柴秀吉、明智光秀、滝川一益、荒木村重、細川藤孝、丹羽長秀《にわながひで》、前田利家、河尻《かわじり》秀隆《ひでたか》、桂田長俊《かつらだながとし》、松永久秀《まつながひさひで》、筒井順慶《つついじゅんけい》などが挙げられる（離反者・追放された者も含む）。このうち、譜代家臣は佐久間・柴田・丹羽・前田・河尻と半数を占めるが、このうち柴田勝家はもともと信長の弟の信勝《のぶかつ》の家老であった。また、信長には父信秀《のぶひで》から付属された家老たち（林秀貞《はやしひでさだ》・平手政秀《ひらてまさひで》・青山与三右衛門《あおやまよそうえもん》・内藤勝介《ないとうかつすけ》）がいたが、外交や朝廷との取次などで活動した林秀貞以外の三氏は、存在感がかなり薄い。このことは、譜代家臣の中でも、信長の代になってから活躍・出世した者が多かったことを物語っている。

羽柴・滝川の二名は、低い身分の人材を実力主義の信長が登用し活躍させた例としてよく知られている。一方、荒木・細川の二名は、摂津の池田《いけだ》氏の重臣と元幕臣であり、いずれも足利義昭追放時に信長側に協力したことが、信長による重用の一つのきっかけになっている。桂田長俊は旧朝倉家臣で、越前支配に適していると考えたのだろう。大和を支配した松永・筒井の二名も、もともと現地に勢力を持っていた。

明智光秀の場合はやや特殊で、足利義昭に仕えていたが二重政権期に幕府と織田に両属して働くようになり、やがて織田家臣としての立場が強くなって義昭と訣別するという経緯を辿っている。もともと幕府のもとでも高い身分ではなかったが、義昭と信長の間での取次や訴訟処理、それに戦場での働きなどの多彩な活動によって大きく取り立てられるようになったのである。

信長が能力のある家臣を大名に引き立てていったのは事実だが、実は尾張・美濃出身者を優遇する傾向があったことを池上裕子氏が指摘している（池上二〇一二）。各地の武士たちの中には織田政権に服属した者も多いが、彼らは結局信長が派遣した家臣の配下に入らざるをえなかった。信長の人使いの荒さから考えると、彼は戦争への出陣命令などを忠実にこなしてきた実績のある人物を重用したのかもしれない。だが、優遇されていた荒木村重でも、以前記したように播磨攻略戦への秀吉の起用に不満を持ち裏切った可能性が考えられているから、この方針はデメリットも生んでいたとみられている。

佐久間信盛の追放

織田信長は、晩年に林秀貞や佐久間信盛といった譜代の重臣を追放したことでも知られている。秀貞は過去に弟信勝に味方して敵対したこと、信盛は本願寺攻めでの働きが鈍かったことが理由であった。

このうち、信盛に対しては追放の理由を記した折檻状《せっかんじょう》の内容が伝わっている。そこに挙げられた理由は、大坂本願寺攻めを信盛が担当していたことについて、五年間で何も働いていないことを世間が不審がっている、戦争も謀略もせず信長の威光だけで大坂本願寺が落ちると思っていたのか、明智・羽柴・柴田・池田恒興《いけだつねおき》らは自らしっかり働いて天下の面目をほどこした、七ヶ国の武士を与力《よりき》としてつけたのだから戦えたはず、などなど十九ヶ条に及んでいる。特に、世間や天下の評判を挙げているのは、大坂本願寺への苦戦を信長がかなり屈辱に感じていたことと、信長がこうした評判をかなり気にする人物であることを物語っている。苦戦の責任を信盛に転嫁しているともいえるが、信長としては工夫を凝らして本願寺を攻略できると期待したからこそ信盛に大軍を預けたのだという思いがあったのである。織田政権では、大名クラスの支配域を与えられた家臣は、それに見合う働きを義務付けられていたのであった。

その後の信盛は、前述のように領地を没収されたうえで高野山《こうやさん》に追放され、翌年失意のうちに死亡した。父の死後に息子の信栄《のぶひで》は許されて織田信忠に仕えることになったが、かつての地位は望むべくもなかった。なお、信盛追放の五日後に、家老の林秀貞、美濃の国人安藤守就《こくじんあんどうもりなり》、譜代の家臣丹羽氏勝《にわうじかつ》が追放されている。罪状は、過去に信長を裏切ろうとしたことがある、というものであった。

信盛への処分のタイミングは、大坂本願寺と和睦が整い、抵抗を続けていた教如《きょうにょ》が退出して大坂本願寺が焼失してから、わずか九日後である。やっと本願寺との対立が終わり、信盛は労われてもおかしくない立場だった。荒木村重のような反乱をしたわけでもないのに、譜代の重臣が全領地没収のうえ追放されてしまうというこの出来事をみて、他の家臣たちは動揺しただろう。功績を挙げても、働きが鈍かったと認定されたとしたらすべてが終わってしまうのである。明智光秀が二年後に謀反を起こすことになる一因に、この信盛への処置によって自分の将来に不安が生じたのだろうとみる研究は多く、本書もやはり同様に考えている。

多発する裏切り

織田政権は、荒木村重をはじめとして幾度か家臣や同盟者の裏切りにあっている。『信長公記』で裏切りの際の反応をみてみると、織田信長は、浅井長政《あさいながまさ》の際は「親戚であり北近江も与えていて、不足(不満)があるはずがないから嘘だろう」と言ったといい、松永久秀と荒木村重の際は「なんの不満があるのか、望みがあるならば叶えてやろう」と言ったという。つまりどの事例も、最初は裏切りを信じなかったり、不満を解決してやれば済むと考えたりしていたのである。武田信玄の同盟破棄の際も直前までまったく疑っていなかったので、信長は謙信に激怒した書状を送っている。こうしたことから、信長は他人を信じすぎて油断する人物であったと、金子拓氏は指摘している(金子二〇一七)。

筆者の視点から、他の例を挙げてみよう。たとえば、前近代では起請文という、神に誓いを立てるための文書があり、戦国時代には同盟や和睦の際にお互いに交わしたり、大名が家臣から徴収したりしていた。のちに豊臣秀吉も大名たちに起請文を何度か書かせており、当時の家臣団統制には一般的な行為だったとみていい。ところが信長は、これだけ裏切られているにもかかわらず、家臣に起請文を書かせようとした形跡がない。他大名との外交や、安土宗論《あづちしゅうろん》の後などに起請文を書いたり書かせたりしているから、起請文を嫌っているわけではなさそうである。したがって、信長は家臣に「裏切りません」と誓わせるつもりがなかった、もっといえば裏切られるという発想がないから起請文で誓わせることもなかった、と考えられる（平井二〇一五）。家臣の妻子を安土城下町に居住させていなかったのも、裏切りを防ぐために妻子を人質にするという発想がなかったからという側面があったのかもしれない。

このように、金子氏の指摘した信長の弱点は、他の側面からも確認することができる。信長は、有能な家臣に大きな報酬を与えて活躍させることには秀でていたが、彼らが裏切らないよう配慮し、家臣団組織を安定させることは不得手であった。

正月儀礼と家臣団

『信長公記』をみると、少なくとも岐阜城を居城としている段階から、織田信長は元旦に家臣たちを出仕させて儀礼を行っている。たとえば天正六年（一五七八）には、五畿内・若狭《わかさ》・越前・尾張・美濃・近江・伊勢といった国々の武士たちが安土城に出仕し、御礼を行った。この時信長は朝の茶を十二人に下しており、一族の織田信忠、家老の林秀貞、重臣の滝川一益・細川藤孝・明智光秀・荒木村重・羽柴秀吉・丹羽長秀、側近の武井夕庵《たけいせきあん》、信忠付の家臣長谷川与次《はせがわよじ》・市橋長利《いちはしながとし》、家臣で茶人の長谷川宗仁《はせがわそうにん》といったメンバーであった。朝の茶会が終わったのちに他の家臣が出仕してきて三献《さんこん》などを行ったとあるから、茶会に呼ばれた重臣たちが家臣団の中で特別な扱いであったことがよくわかる。

天正十年の元旦は、一族・家臣たちを集めて、安土山の摠見寺《そうけんじ》を見物させたのちに本丸御殿で対面を行った。朝の茶会があったかは定かではない。対面は、信長の子・弟を主とする一門衆、近江国以外の国々に領地を持つ他国衆、近江の家臣のほか馬廻衆や甲賀衆《こうがしゅう》などによる在安土衆という順序で行われており、他国衆には御殿の中の御幸の間（天皇の行幸《ぎょうこう》に備えて作った部屋）、馬廻衆や甲賀衆には同じく江雲寺《こううんじ》御殿を見物させている。この扱いの違いからみて、重臣たちは（少なくとも正月儀礼では）他国衆に分類されていたのだろう。

さて、こうした儀礼は、通常の中世・近世権力の場合は大名と家臣団の主従関係の再確認などを行う場となるはずであり、天正六・十年の場合はそうした役割を果たしていたのだろう。ところが、信長は天正五年の元旦は岐阜で迎えており、正月儀礼を行った様子がない。また、天正七・八年の正月儀礼は、荒木攻めや大坂本願寺攻めの戦陣で皆が大変だからという理由で行っていない。天正九年も他国衆の出仕を免じており、馬廻衆だけ出仕するよう命じていた。こうしてみると、安土城を作って以来、安土への家臣団集合による正月儀礼は二回しか行っていないことになる。

織田政権の場合、家臣団が一斉に集まって行う恒例の儀式は正月儀礼しか確認できず、増やした形跡もない。信長と家臣団のつながりを再確認する機会は、他の大名・政権と比べても明らかに少なかったのではないか。儀礼が少ないというと、虚礼を廃する革新的な考え方といったようなイメージを抱く向きもあるかもしれないが、儀礼によってもたらされる効果を軽視すべきではない。こうした面からもたらされる織田家臣団の結合の脆さが、先にみた重臣の裏切りをもたらすもう一つの要因になっていたとみられる。

織田政権の運営形態

前近代の権力に関する研究では、政権の運営がトップの専制で行われるか、重臣との合議で行われるかが話題となることがよくある。戦国時代だと、戦国大名は重臣たちや国人の意見に意思決定が左右されることが多かったものとみられ、家臣団統制に苦労する大名が多かった。

では、織田政権はどうだろうか。織田信長は独裁者のようなイメージが持たれることが多いと思われるが、その当否は別として、やはり織田政権の意思決定は、少なくとも安土城移住後については専制寄りであると思われる。

そのように判断する理由は、先述した安土城下町の家臣団屋敷の状況からである。築城に携わっていた丹羽長秀を除けば、柴田勝家や明智光秀、羽柴秀吉など、織田政権の主立った重臣たちは攻略担当地域・知行地にいることが多く、正月儀礼か、報告事項がある時くらいしか安土に来た様子がみられない。前者の正月儀礼の実施回数が少なかったことは既述の通りである。政権の本拠地に顔を出していない重臣たちが、集まって合議して政権運営を議論する機会があったとは考えがたい。電話もインターネットもない当時、遠隔地の重臣との連絡手段は使者・書状になるが、それらを通して重臣たちによる合議が行われていた様子はみられない。なお、本願寺攻めなど、戦場で信長と重臣が顔を合わせる機会は、安土以上に多かったと思われる。ただ、戦場での議論はその戦争関係が議題の中心だっただろうから、政権の意思決定には基本的に重臣の合議はなかったと考えたほうがいい。

『信長公記』には、天正六年（一五七八）五月の播磨攻めに信長が出陣しようとしたところ、現地に派遣されていた重臣たちから止められたという記述がある。このように、重臣たちが政権の意思決定にまったく影響を及ぼさなかったわけではない。戦争や外交に関しては、各地域を担当する重臣たちが個別に信長に報告することで、信長の判断を左右しただろう。だが、意思決定に関する重臣たちの横のつながりは、複数の重臣が戦場に集まっている時以外は、あまりなかったのではないかと思われる。信長の死後、織田政権では勝家や秀吉らが宿老《しゆくろう》として政権を運営したが、その体制がすぐに崩れてしまったのは、こうした信長存命時の体制も影響しているものと思われる。

信長には老年では武井夕庵・松井友閑《まついゆうかん》、若手では堀秀政《ほりひでまさ》や万見重元《まんみしげもと》・菅屋長頼《すがやながより》・森成利《もりなりとし》（蘭丸《らんまる》）といった側近たちがいた。彼ら（特に若手）は信長から重臣のもとに派遣されて連絡役や検使《けんし》もつとめており、晩年の信長の手足となっていた。城下町に屋敷がある重臣とは異なり、彼らは安土山に屋敷を与えられて常住していたとみられるから、信長の意思決定に関わる可能性は高い。この点、史料の不足もあり、もう少し検討が必要であるが、おそらく彼らの場合もあくまで個別の関与であったとみられ、重臣の代わりに合議して何かを決めるような体制はなかったのではないかと思われる。信長の専制を支える存在とみたほうがいいだろう。

組織のトップが意思決定に大きな力を持つ場合、大胆な行動を取りやすくなると思われるから、それが織田政権にとってプラスになった側面もあるだろう。ただ、遠方の最前線にいる重臣たちにとってみれば、信長との意思疎通が側近を通してしかできず、不安・不満が生じる側面もあったのではないだろうか。この点も、明智光秀の謀反の遠因になった可能性がある。

3 信長の死

朝廷官位と譲位

織田信長は天正五年（一五七七）十一月に朝廷から右大臣《うだいじん》に任じられていたが、半年後の天正六年四月、「まだ敵の征伐が終わっていないのでひとまず辞任します。東西南北の敵を討ち果した後に再度登用に応じます。官職は息子信忠に譲りたいと思います」と述べて、右大臣を辞任した。辞めた理由については、朝廷官位から自由になりたかった、あるいは信忠に地位を譲る準備だった、などと推測されている。信長の真意は測りかねるが、前年末に信忠に茶道具を譲ったことからみれば、後者の可能性のほうが高いかもしれない。ただ、朝廷はこの前年に信忠に従三位《さ》左近衛権中将《このえのごんのちゅうじょう》を与えており、その後結局官職を昇進させなかった。朝廷としては、後継者の信忠ではなく現在の政権トップである信長を高官につかせて、保護してもらいたかったのだろう。

天正九年正月に信長が安土に一門衆と近江の家臣を集めて左義長《さぎちょう》を行い、翌月には畿内近国の家臣も集めて京都で軍事パレードとしての馬揃《うまぞろえ》を行ったところ、見物していた正親町天皇《おおぎまちてんのう》が非常に喜び、リクエストによって翌月再度馬揃をした。そこで天皇は褒美として信長に左大臣に就くよう勧めたが、信長は「天皇から誠仁親王《さねひとしんのう》への譲位を実現した際にお受けします」と返事をした。天正元年に果たせなかった譲位支援を、畿内の政局が安定したことであらためて実現しようとしたのである。ところが結局、その年は縁起が悪いということで延期することになり、翌年譲位が実現しないまま信長は死ぬことになる。

翌年五月（本能寺《ほんのうじ》の変の前月）、朝廷から信長に勅使が派遣され、太政大臣《だいじょうだいじん》・関白・征夷大将軍のどれかに就くよう勧めた（三職《さんしき》推任）。三職推任については、朝廷側と織田政権側のどちらの意思で行われたかについて見解が分かれており、たとえば金子拓氏は、提案したのは織田家臣の村井《むらい》貞勝《さだかつ》だが、それは信長を任官させたい朝廷の意向を汲んだアドバイスだったという説を唱えている（金子二〇一四）。この点については、譲位の件が年が明けても進んでいなかったから、朝廷がそれを催促するつもりで左大臣以上の地位を提示したものと考えておきたい。だが、この勅使に対して信長がどう返事をしたかは不明である。堀新氏は、その後公家の日記に三職推任の話が出てこなくなるのは断ったからだろうと推測しており、この見解が一理あるように思われる（堀二〇一一）。信長は前年に譲位の際に左大臣の任官を受けると返事をしたのだから、譲位が実現するまでは受けようとしなかったのではないだろうか。

本能寺の変

織田信長は、三職推任の勅使が京都に帰ったのち、領地の安堵・拝領の御礼のためにやってきた徳川家康と穴山信君《あなやまのぶただ》を安土で接待した。接待役を明智光秀に命じて、京都や堺で手に入れた珍物で盛大にもてなしたが、備中《びっちゅう》高松城《たかまつじょう》を包囲しながら毛利軍と対峙する羽柴秀吉への援軍として、自ら出陣することに決めた。五月十七日に光秀らに軍を率いて中国に先行するように命じて領国に戻らせ、自らは二十九日に小姓《こしょう》衆《しゅう》二、三十人を連れて京都の本能寺に入った。毛利《もうり》輝元《てるもと》との決戦に赴くには人数が少なすぎるが、『信長公記』によると京都に入って数日ののちにすぐに中国に出発するつもりだったので、他の家臣たちにはそれまで軍の準備をさせておく、ということだったらしい。

35—明智光秀画蔵（本徳寺所蔵）

本能寺には六月一日に多数の貴族がやってきたため、信長はそれへの対応に追われた。その翌日の六月二日、明智光秀の軍勢が丹波《たんば》から京都に入り、本能寺を襲撃する事件が起こる（本能寺の変）。小姓数十人で明智勢に対抗できるわけがなく、信長は御殿に火をつけて切腹《せっぷく》した。後継者の信忠は妙覚寺《みょうかくじ》に宿泊していたが、光秀の謀反を知り、二条《にじょう》新御所（信長が自分用に作ったのちに誠仁親王に譲っていた屋敷）に立て籠もり、やがて明智勢に攻撃されて切腹した。

こうして、織田信長父子は、明智光秀の謀反によってあっけなく生涯を閉じた。事件を聞いた朝廷は大混乱に陥るが、数日後には光秀を認めることで生き残りをはかっていく。これによって、織田政権の代わりの暫定政権として明智政権が成立したといえるだろう。暫定と書いたのは、光秀が変の後に足利義昭を京都に迎え入れようとしているからである（藤田一九九六）。それがもし実現していたら、幕府が復活した可能性もある。だが、光秀は、毛利輝元と停戦して引き返してきた羽柴秀吉と六月十三日に戦って敗北し（山崎《やまざき》の戦い）、逃亡中に死亡してしまう。こうして、明智政権は数日で壊滅した。

この後、信長の次男信雄《のぶかつ》と三男信孝《のぶたか》、それに羽柴秀吉や柴田勝家ら重臣たちによって、信忠の子三法師（秀信）を当主とし、秀吉や勝家らが宿老として政権を運営する体制が作られた。だが、すぐに彼らによる政争が、徳川家康ら外部の大名や足利義昭を巻き込んで展開する。やがて織田政権は秀吉の政権によって克服され、終焉を迎えるのであった。

変はなぜ起きたのか

本能寺の変は、明智光秀がなぜ謀反を起こしたのかという視点から、多くの論者が自説を展開している。織田信長から酷い仕打ちをうけて恨んでいたという怨恨説、信長を殺せば自分が天下人になれると思ったという野望説のほか、朝廷が信長を殺させたという朝廷関与説、イエズス会が背後にいたというイエズス会関与説、足利義昭が荒木村重のように光秀に謀反を起こさせたという足利義昭関与説など、単独犯行とみる説から誰かと連携して犯行したという説まで多彩である（ひとまず、これらの見解を整理・批判したものとして谷口克広『検証　本能寺の変』〈二〇〇七年〉、呉座勇一『陰謀の日本中世史』〈二〇一八年〉）。

それぞれの説をすべて紹介・議論するには膨大な紙幅が必要となるし、多くの説については谷口克広氏・呉座勇一氏による批判におおむね同意できる。そこで結論のみ簡単に述べると、怨恨説や他勢力の関与説は、史料の解釈や事例の取扱い方に問題があるものが多く、同意できない。細川藤孝や娘婿の織田信澄《のぶずみ》にすら連絡していないことからみれば、突発的犯行である可能性が高いようにも思われる。

光秀の動機については、長宗我部《ちょうそがべ》氏との関係が一つのきっかけになっていたという見方（四国政策説）が強く、確定とはいえないが、ほかに比べれば比較的可能性があるため、紹介しておきたい（桐野二〇〇七、平井二〇一六b）。本能寺の変までの数ヶ月間は、四国の長宗我部元親《もとちか》が信長からの領地献上要求に反発したことで、両者が断交しかかっていた。そこで、光秀と、明智家臣で元親の親戚にあたる石谷頼辰《いしがいよりとき》、頼辰の実の兄弟斎藤利三《さいとうとしみつ》が、信長の要求を受け入れるよう数ヶ月にわたって元親を説得していく（『石谷家文書』）。ところが、信長は神戸信孝《かんべのぶたか》による四国攻撃軍を編成し、六月に渡海させることを決めてしまった。そうした中で、本能寺の変が起こったのである。

光秀は取次として長宗我部氏と織田政権の関係を取り持っていたため、長宗我部氏の離反は光秀の責任という評価につながりかねない。大きな力を与えたのに実績を挙げなかったという理由で追放されてしまった佐久間信盛の末路を知る光秀は、不安を抱いたことだろう。ルイス・フロイス『日本史』によれば、変の前月の徳川家康接待の際に、光秀が信長の意見に反論したため、信長が光秀を足蹴にするという事件があったらしい。この時の話が、長宗我部氏との外交にかかわるものだった可能性もある。また、江戸時代に書かれた二次史料には、この年に信長が斎藤利三の自殺を命じたとするものもあり、事実であれば対長宗我部外交から排除されようとしていると光秀が受け取った可能性があろう。

こうした経緯によって光秀の中で不満と今後への不安がつのり、生き延びるために信長・信忠殺害という道を選んだというのが、四国政策説である。光秀の不安・不満はほかにもあっただろう。丹波攻めの部分でもみたように信長の人使いは荒く、本能寺の変の直前にも、光秀は家康接待の最中に急遽羽柴秀吉の救援に派遣されていた。こうしたことから、信長より年上の光秀は心身ともに疲弊していたのかもしれない。さまざまな要因が積み重なって、光秀は信長殺害の好機を逃さないという選択をしたのである。

中世後期社会からみた本能寺の変

本能寺の変は日本史上最大の謎といった煽り文句で語られることがよくあり、筆者自身もそういった言い方をすることがある。明智光秀の動機が不明瞭で、さまざまな説が出ていることからすれば、大きな謎であることは確かである。

では、日本史上最大の事件という言い方はどうだろうか。政権のトップが殺される事件ならば、室町幕府の将軍では足利義教《あしかがよしのり》（六代目）・足利義輝《よしてる》（十三代目）の二名が殺害されている。どちらも大事件であることには違いない。ほかにも、幕府の重鎮であった細川政元《ほそかわまさもと》や、中国最大の大名だった大内義《おおうちよし》隆《たか》、豊後《ぶんご》の大名大友義鑑《おおともよしあき》など、大名レベルであればもっと事例は多い。家臣が主君を殺したという要素だけでは、最大の事件とはいいがたい。

本能寺の変の場合、殺されたのが織田信長であるという点と、織田政権が短命に終わるきっかけになったという点、この事件の後の政治過程によって豊臣政権が成立するという点が特徴である。こうしてみれば大きな事件であることは間違いないが、政権崩壊・交代のきっかけという点では関ヶ原の戦いも同じくらい大きな事件である。よって、本能寺の変を最大の事件と煽りすぎるのは望ましくない。

なぜこのようなことをわざわざ記すのかというと、この事件が過大評価されることによって、謎の部分にも過剰な期待がかかり、結果的に「本能寺の変はすごい事件だから、何か普通とは異なる大きな裏があるに違いない」という思い込みにつながりかねないからである。実際に大きな裏があるのならいいが、そうではないのに実態をねじ曲げて勝手なストーリーを作り上げてしまってはよくない。まだまだ本能寺の変には謎が多いが、今後も過度の思い込みは捨てたうえで、事実を地道に解明していくことが必要である。

ところで、光秀が信長を殺したのは突発的犯行ではないかと先に記した。そのように推測した理由は、細川藤孝や織田信澄に相談せず変を起こしたことにあるが、秘密が漏れたら困るから相談しなかったという考え方もできるだろう。ただ、戦国時代に家臣が大名を殺害した事例をみると、たとえば大内氏では陶晴賢《すえはるかた》が義隆を死に追いやったのち、大友晴英《おおともはるひで》を新たな当主として擁立している（のちの大内義長《おおうちよしなが》）。晴賢は事前に晴英に連絡していたほか、毛利元就《もうりもとなり》に同意を取りつけるなど、根回しをしていた。条件の異なる点は多々あるものの、周囲の協力を得られずに数日で滅びた光秀と比較すれば、晴賢のほうが比較的しっかりした謀反だったといえる（このような表現が正当かどうかはともかくとして）。

このようにみると、戦国時代に成功した謀反と比べて、光秀は準備不足で拙い点が多かったといわざるをえない。準備を全然していなかったからこそ、誰にも悟られず、信長を殺すことだけは成功したという考え方もできよう。そういった意味でも、変を過大評価することは避けるべきである。

信長が残したもの——エピローグ

織田信長は本能寺《ほんのうじ》の変によって死亡したものの、関東や九州の大名との最終的な関係をみれば、織田政権が日本を統一する数歩前まで来ていたといえる。その後、豊臣秀吉の政権が全国を支配するようになり、戦国時代は終焉へと向かう。豊臣政権は織田政権の中から生まれたから、政治史的には織田政権期を戦国時代の終わりの始まりの時期と捉えてよさそうである。

戦国社会の終焉

政策面では、豊臣政権のほうがかなり大胆に実施しており、織田政権はどちらかといえばほかの戦国大名と共通する要素が多い。戦国大名・織田政権と、豊臣政権との間では、段階差があるといえる。ただ、秀吉の政策も、何もないところから突如生まれたわけではない。たとえば豊臣政権が畿内で検地を大々的に実施しえたのは、織田政権下での畿内各勢力の服従や指出《さしだし》の実施などが下地として重要だっただろう。戦国時代に地域権力として大名が各地に成立し、それらが行った政策を踏まえて、豊臣政権の政策が生まれていったのである。

ところで、戦国大名というと天下人になろうとして戦争に明け暮れたイメージが持たれてきたが、実際の大名は領国の維持のほうに関心が強く、上洛・日本統一を目指そうとはしていなかったという見方が現在では強くなっている。そして、織田政権についても新たな見解が出てきた。金子拓氏は、二重政権の頃から信長は天下静謐《せいひつ》の維持を基準に動いていたとし、彼の戦いも天下静謐を乱す勢力を排除するためのものだったが、武田《たけだ》勝頼《かつより》を滅ぼしたのちに全国統一を目指すようになったのではないか、と指摘している（金子二〇一四）。言い換えれば、信長は死の直前になるまで、領地拡大を目的とする戦争はしようとしなかった、という説である。

本書は全体的に金子氏の研究に大きく学んでいるが、この点については見解を異にする。元亀《げんき》元年（一五七〇）の朝倉《あさくら》攻めの時、信長は朝倉氏を幕府に敵対したものとして攻撃するが、朝倉攻めの計画自体は前年の北畠《きたばたけ》攻めの段階からあったことはすでに記した通りである。信長は天下静謐や幕府の安泰を唱えて戦争をしていても、実際は自己の目的が背景にあったのである。したがって、天下布武や天下静謐といった言葉は、やはり信長の名目として捉えておいたほうがいいのではないだろうか。

信長の政権構想

今谷明氏は、織田信長最大の敵は正親町天皇《おおぎまちてんのう》であったとし、両者はさまざまな局面で対立していたが、結局信長は幕府を開設するために天皇を不可欠としたとみている（今谷一九九二）。ただ、本書の中でみてきたように、信長と天皇の対立という今谷氏の視点は現在の研究では否定されつつある。朝廷は二重政権期から引き続き信長を頼りにしていっており、一方の信長は畿内の安定をスローガンに掲げるとともに朝廷への支援をしつつ、朝廷に密接せずに普段は安土《あづち》で過ごしていた。変の直前に、自分の推薦する暦《こよみ》（カレンダー）を朝廷に使わせようとして一悶着起きているが、これも天皇を否定しようとして主張したわけではない（遠藤二〇一四）。

右の説は、信長が将来的に幕府を開設しようとしていたとみている。もし本能寺の変がなかったならば、信長は最終的にどういった政権を作ろうとしていたのかという点は、三職推任《さんしきすいにん》の評価とかかわって、いまだ共通の見解が生まれていない。三職推任を断ったという堀新氏の指摘を前提にするならば、少なくともこの時点では将軍になるつもりはなかっただろう。では正親町天皇の譲位や日本の統一を果たした場合に信長が将軍になることを望んだかといえば、これも疑問が残る。各地域の大名との関係からみたように、織田政権はすでに室町幕府に代わる武家政権として定着しつつあったから、信長の側から積極的に将軍就任を望む理由はなかったのではないか。戦国社会の人々がずっと持ち続けていた「室町幕府の将軍（あるいはその候補となる足利《あしかが》一族）がすべての武士の上に立つ存在である」という固定観念を、信長は運と実力で覆していき、日本の政治構造を変えていったのである。信長以前にも三好《みよし》政権という前例があり、また当初からの目標ではなく天正元年（一五七三）前後の政治情勢による結果論という側面もあるものの、右の意味で織田政権は政治史上重要であるといえる。

なお、『信長公記《しんちょうこうき》』によると、天正十年、武田勝頼を滅ぼしたのち、信長は三月二十六日に信忠《のぶただ》に対して「天下の儀」を譲ると発言したという。織田家の家督だけではなく、織田政権全体のトップの地位も譲り、日本統一前に引退していた可能性もあるのだろうか。ただ、ルイス・フロイスの『日本史』には、武田滅亡により信忠には尾張《おわり》・美濃《みの》のほかに旧武田領を与えたとあり、たしかに三月二十九日に甲斐《かい》・信濃《しなの》に領地を与えられた河尻秀隆《かわじりひでたか》や森長可《もりながよし》・毛利長秀《もうりながひで》は信忠軍に属していた。政権そのものを譲ることと、織田家の家督としての信忠に武田領を与えるということを同時に行ったとみるのは違和感があるから、慎重に捉える必要がありそうである。この「天下」は京都に限定したものかもしれず、またもし本当に信忠に政権を譲ると発言していたとしても、それは将来的に譲るということをあらためて表明したのみとみておくのが妥当だろう。

海外への視点

戦国時代の日本には、ヨーロッパから人々が来航し、鉄炮やキリスト教が伝来した。従来のアジアとのつながりをみると、明《みん》が室町幕府の将軍を日本国王とすることで始まった正式な日明貿易（勘合貿易《かんごう》）は大内氏《おおうちし》の滅亡によって途絶えているが、倭寇《わこう》らによる密貿易はそれとは別に行われていた。ヨーロッパ人の船が来航するいわゆる南蛮《なんばん》貿易も、倭寇による貿易の実績があってこそ行えたのである。

こうした海外貿易については、九州の大名たちが積極的に振興していた。では、織田信長の場合はどうだっただろうか。信長が堺《さかい》を支配したことで、貿易によってもたらされる鉄炮を手に入れたと説明されることが多い。たしかに堺支配は物資を得るために重要であり、堺の豪商たちとのつながりもそうした実効性を求めたものだっただろう。しかし、それだけで信長自身が貿易に積極的だったとみていいのだろうか。イエズス会・ポルトガル商人や堺の商人たち、貿易港、あるいは大友《おおとも》や島津《しまづ》といった九州の大名に対して、信長が貿易に関する具体的指示・依頼をした形跡は意外なほどみられないのである。貿易に対する姿勢は受け身だったのではないか。

信長が死ぬ天正十年（一五八二）の正月、天正遣欧使節《てんしょうけんおうしせつ》がヨーロッパに向けて出発しており、信長が作らせた「安土城図屏風」はこれによってヨーロッパに運ばれた。ただ、この使節は巡察師ヴァリニャーノが九州のキリシタン大名たちと計画したものであり、信長はまったくかかわっていない。信長はヨーロッパからもたらされるモノや情報に非常に興味を示していたものの、自ら積極的に外交を展開しようとはしなかったのであった。

なお、信長の死後、豊臣秀吉は明を征服しようとして朝鮮侵略を起こすが、信長もこうした考えを持っていたとされている。ルイス・フロイスの天正十年の報告書によれば、信長は毛利輝元《もうりてるもと》を滅ぼしたのちに、艦隊を率いて明を征服し、子どもたちに諸国を分け与えるつもりだったという。また、信長が「インドまで征服する考えがある」と述べたことを、宣教師ジョアン・フランシスコが天正九年に報告書に記している（清水二〇一五）。この件は宣教師の報告書にみえるのみで日本側の史料には出てこないのが難点だが、特に後者の報告書は信長が生きているうちに書かれたものであるため、信長がこうした発言をした可能性は十分にある。

こうしてみると、長期にわたる禍根を残した秀吉の侵略戦争と似た構想を、信長も持っていたようにみえる。堀新氏は、信長や秀吉は「中華皇帝」つまり中国の歴代皇帝のような立場となって、東アジア諸国を支配する構想を持っていたと指摘する（堀二〇一一）。一方、清水有子氏は、戦国時代の日本の人々がヨーロッパを知ったことによって、中国を中心とする伝統的な世界観が相対化されたとし、それによって侵略構想が生まれたとみている。東アジアの伝統的世界観に基づく侵略か、新たな世界観による侵略かという点で微妙に見解が異なるが、どちらかといえば東アジアの構造の転換として捉える清水説のほうに魅力を覚える。ただ、いずれにせよ、明への出兵や勘合貿易への興味を端々で示していた秀吉と、侵略意思を発言したのみの信長を、直接つなげて考えることには、もう少し慎重になってもいいのではないかと思われる。

あとがき

「列島の戦国史」シリーズのうち、織田政権を扱う巻の執筆を引き受けたものの、書き始める前に目次案を作っている段階から、そう簡単ではないことがよくわかった。通史である以上、信長の人物像や、織田政権期の一部のテーマにのみ焦点を絞るのではなく、全体を俯瞰する必要がある。また、本文中で述べてきたように、織田政権の評価は、天皇や将軍への姿勢から個々の政策、さらに本人の性格に至るまで、様々な側面から変化してきているが、それらを紹介していくだけにするわけにもいかない。

こうしたことから、室町・戦国時代から豊臣・江戸時代に至る過程の中で、織田政権はどのように位置付けられるか、という点を多少意識しながら執筆してみた。織田政権はそれほど目新しいことはしていないという評価をされることが近年多い。ただ、室町幕府を結果的に滅ぼしてしまったり、低い身分だった木下（羽柴・豊臣）秀吉を大名クラスまで出世させたり、畿内の広域で土地調査を行ったりと思い切った行動を取ったことで、豊臣政権が出現する前提になったことは事実である。一方で、織田政権が中央政権になれたのは、足利義昭の京都復帰を助けるという当初の信長の目的があったからこそであり、自分は幕府・将軍の配下であるという戦国大名の多くが持っていた意識を信長も持っていたからであった。そうして考えると、信長は戦国時代の一般的感覚に規定されながらも、そこから少しずれた感覚も持ち、それが次の時代を準備することに繋がっていたといえる。これについて「そんなことは誰に対してもいえる」という反論がすぐにでも考えつくだろうが、こと信長に関しては常識破りのイメージが強いため、あえてこう記した。

なお、本書では、織田政権以外の大名について、特に織田政権との関係に絞って記した。こうした書き方をすると、どうしても各大名の説明が不十分にならざるをえなくなってしまう。遠方の大名に関してはこのシリーズの他の巻で説明がなされているから、あわせてそちらも参照してほしい。

織田政権および当時の他の大名、日本社会に関しては、たくさんの先行研究が存在する。本書を記すにあたり、それらの研究を大いに参照させていただいたことは言うまでもない。すべての研究を挙げることはできないものの、特に政権の全体像を考える上で、池上裕子氏や金子拓氏、堀新氏の研究に大きな影響を受けた。また、信長の京都滞在期間の短さを指摘した河内将芳氏の居所研究にも刺激を受け、政治史に組み込んでみた。書き進めるごとに先行研究の厚みをさらに実感することとなり、途方に暮れたが、一通り書くことができてホッとしている。

隠れあとがき愛好家として、個人的な話も記しておく。筆者はもともと、土佐国の大名長宗我部元親の研究者である。やがて、戦国史研究会のシンポジウム「織田権力論」（二〇一〇年）の準備会に参加し、「織田権力の和泉支配」を報告したことが、筆者の織田政権関連の研究の始まりだった。ただ、織田政権は研究の主軸ではなかったため、二〇一七年に『歴史学研究』九五五号に掲載された研究動向「織田信長研究の現在」の執筆依頼をいただいた時は、織田政権以外を研究対象としている同時代の研究者の目から客観的に研究状況をまとめてほしい、という趣旨を伝えられた。この経験は本書の執筆に大いに役立ったが、研究動向の執筆から何年もたたないうちに客観的ではない立場になってしまったので、若干の後ろめたさを感じている。

ちなみに、筆者の名前は平井「上総」であり、織田信長は若い頃に「上総介」を名乗っていた。上総介の本を上総が記したというと、ネタ、あるいは作為的なものを感じるかもしれないが、ペンネームではなくれっきとした本名である上に、織田政権の研究をしたのも本書の執筆者になったのも名前とは無関係である（おそらく）。この名前をつけてくれたことへの恩返し…にはなっていないとは思うが、両親は本書の出版を喜んでくれると思う。

もちろん、本書は家族に配るために書いたわけではなく、多くの人々に向けて最新の研究を届けるシリーズの一冊である。本書がたくさんの方に受け入れていただければ、望外の幸せである。

二〇二〇年七月二十七日

平井上総

参考文献

【史料】

『愛知県史　資料編11』（愛知県、二〇〇三年、『清須合戦記』・『三河物語』・『松平記』・『当代記』・『家忠日記』などの抄出も収録）
『足利季世記』（近藤瓶城編『改定史籍集覧　一三』臨川書店、一九八四年）
『石谷家文書』（浅利尚民・内池英樹編、吉川弘文館、二〇一五年）
『石山本願寺日記』（上松寅三編、大阪府立図書館長今井貫一君在職二十五年記念会、一九三〇年、『鷺森日記』も収録）
『お湯殿の上の日記　一～一一』（塙保己一編、太田藤四郎補『続群書類従　補遺三』続群書類従完成会、一九五七～六六年）
『兼右卿記』（村井祐樹、『東京大学史料編纂所研究紀要』一八・二〇、二〇〇八・一〇年）
『狩野永徳』（京都国立博物館編、二〇〇七年）
『上越市史　別編1・2』（上越市、二〇〇三・〇四年）
『史料纂集　兼見卿記　一～七』（斎木一馬・染谷光広ほか校訂、八木書店古書出版部、一九七一～二〇一九年）
『信長公記』（奥野高広・岩沢愿彦校注、角川書店、一九六九年）

『戦国遺文　後北条氏編一～六・別巻・補遺』（杉山博・下山治久編、東京堂出版、一九八九～二〇〇〇年）
『戦国遺文　武田氏編一～六』（柴辻俊六・黒田基樹編、東京堂出版、二〇〇二～〇六年）
『叢書京都の史料12　禁裏御倉職立入家文書』（京都市歴史資料館編、二〇一二年）
『増訂織田信長文書の研究　上・下・補遺』（奥野高広編、吉川弘文館、一九六九～八八年）
『増補続史料大成　多聞院日記　一～五』（竹内理三編、臨川書店、一九七八年）
『増補続史料大成　晴右記・晴豊記』（竹内理三編、臨川書店、一九六七年）
『大系真宗史料　文書記録編一二　石山合戦』（真宗史料刊行会編、法蔵館、二〇一〇年）
『大日本古文書　吉川家文書　一・二・別集』（東京大学史料編纂所編、東京大学出版会、一九七〇年）
『大日本古文書　伊達家文書　一～一〇』（東京大学史料編纂所編、東京大学出版会、一九六九年）
『大日本古文書　益田家文書　一～四』（東京大学史料編纂所編、東京大学出版会、二〇〇〇～一二年）
『大日本古文書　毛利家文書　一～四』（東京大学史料編纂所編、東京大学出版会、一九七〇年）
『大日本史料　第一〇編ノ一～二九』（東京大学史料編纂所編、東京大学出版会、一九六九～二〇一七年）
『中世法制史料集　三～五』（佐藤進一・池内義資・百瀬今朝雄編、岩波書店、一九六五・九八・二〇〇一年、『今川仮名目録追加』も収録）
『言継卿記　一～四』（国書刊行会、一九一四年）
『豊臣秀吉文書集　一』（名古屋市博物館編、吉川弘文館、二〇一五年）
『二条宴乗記』（『ビブリア』五二～五四・六〇・六二、一九七二～七六年）
『萩藩閥閲録　一～四・遺漏・別巻』（山口県文書館編、マツノ書店、一九九五年）

『広島県史　古代中世資料編Ⅲ』（広島県、一九七八年）
『フロイス日本史　1～12』（松田毅一・川崎桃太訳、中央公論社、一九七七～八〇年）
『細川両家記』（塙保己一編『群書類従　二〇』続群書類従完成会、一九五九年）

【著書・論文】

愛　知　県『愛知県史　通史編三中世二・織豊』（二〇一八年）
朝尾直弘「「将軍権力」の創出」（『朝尾直弘著作集三　将軍権力の創出』岩波書店、二〇〇四年）
天野忠幸「荒木村重の摂津支配と謀反」（『戦国期三好政権の研究』清文堂出版、二〇一〇年）
天野忠幸『三好長慶』（ミネルヴァ書房、二〇一四年）
天野忠幸『三好一族と織田信長』（戎光祥出版、二〇一六年）
天野忠幸『松永久秀と下剋上』（平凡社、二〇一八年）
有光友學『今川義元』（吉川弘文館、二〇〇八年）
池上裕子『織田信長』（吉川弘文館、二〇一二年）
石崎建治「上洛直後の織田信長と足利義昭」（『日本歴史』八四六、二〇一八年）
伊藤真昭「織田信長の存在意義」（『歴史評論』六四〇、二〇〇三年）
今谷　明『信長と天皇』（講談社、一九九二年）
今福　匡『上杉謙信』（星海社、二〇一八年）
岩倉哲夫「織田信長の高野山攻め」（『南紀徳川史研究』七、二〇〇一年）
宇佐見隆之「道」（吉田伸之・伊藤毅編『伝統都市3　インフラ』東京大学出版会、二〇一〇年）

（ご注意）

・この用紙は、機械で処理しますので、金額を記入する際は、枠内にはっきりと記入してください。また、本票を汚したり、折り曲げたりしないでください。

・この用紙は、ゆうちょ銀行又は郵便局の払込機能付きＡＴＭでもご利用いただけます。

・この払込書を、ゆうちょ銀行又は郵便局の渉外員にお預けになるときは、引換えに預り証を必ずお受け取りください。

・ご依頼人様からご提出いただきました払込書に記載されたおところ、おなまえ等は、加入者様に通知されます。

・この受領証は、払込みの証拠となるものですから大切に保管してください。

収入印紙
課税相当額以上
貼　　付

印

この用紙で「本郷」年間購読のお申し込みができます。

◆この申込票に必要事項をご記入の上、記載金額を添えて郵便局でお払込み下さい。

◆「本郷」のご送金は、４年分までとさせて頂きます。

※お客様のご都合で解約される場合は、ご返金いたしかねます。ご了承下さい。

この用紙で書籍のご注文ができます。

◆この申込票の通信欄にご注文の書籍をご記入の上、書籍代金（本体価格＋消費税）に荷造送料を加えた金額をお払込み下さい。

◆荷造送料は、ご注文１回の配送につき 500 円です。

◆キャンセルやご入金が重複した際のご返金は、送料・手数料を差し引かせて頂く場合があります。

◆入金確認まで約７日かかります。ご了承下さい。

振替払込料は弊社が負担いたしますから無料です。

※領収証は改めてお送りいたしませんので、予めご了承下さい。

お問い合わせ　〒113-0033・東京都文京区本郷７—２—８
吉川弘文館　営業部
電話03-3813-9151　FAX03-3812-3544

この場所には、何も記載しないでください。

払込取扱票

02 東京

通常払込料金加入者負担

口座記号番号	金額
00100-5-244	千 百 十 万 千 百 十 円 ※

加入者名	料金	備考
株式会社 吉川弘文館		

ご依頼人・通信欄

フリガナ
※お名前
郵便番号　電話
※ご住所
※

〈この用紙で書籍代金ご入金のお客様へ〉
代金引換便、ネット通販ご購入後のご入金の重複が増えておりますので、ご注意ください。

◆「本郷」購読を希望します

購読開始　　号 より

1年 1000円 (6冊)　3年 2800円 (18冊)
2年 2000円 (12冊)　4年 3600円 (24冊)
(ご希望の購読期間に○印をお付け下さい)

日附印

各票の※印欄は、ご依頼人において記載してください。

裏面の注意事項をお読みください。(ゆうちょ銀行)(承認番号東第53889号)

これより下部には何も記入しないでください。

切り取らないでお出しください。

記載事項を訂正した場合は、その箇所に訂正印を押してください。

振替払込請求書兼受領証

口座記号番号	00100-5-244 (通常払込料金加入者負担)
加入者名	株式会社 吉川弘文館
金額	千 百 十 万 千 百 十 円 ※
ご依頼人	おなまえ ※ 様
料金	日附印
備考	

この受領証は、大切に保管してください。

吉川弘文館

新刊ご案内　2020年10月

〒113-0033・東京都文京区本郷7丁目2番8号　振替 00100-5-244（表示価格は税別です）
電話 03-3813-9151（代表）　ＦＡＸ 03-3812-3544　http://www.yoshikawa-k.co.jp/

さまざまな生涯を時代とともに描く
一大伝記シリーズ！

人物叢書 新装版

日本歴史学会編集　四六判・平均300頁

●最新刊の2冊

藤原冬嗣《ふゆつぐ》（通巻306）

虎尾達哉著　二二〇〇円

藤原北家出身の貴族。嵯峨天皇の信任を得て政界の頂点に立ち、のちの摂関家興隆の基礎を築いた。漢詩や薫物の才にも秀でたほか、最澄・空海を支え仏教界にも貢献。薬子の変や自然災害を乗り越えた非凡な政治家の生涯。　三〇四頁

上杉謙信（通巻307）

山田邦明著　二四〇〇円

越後国の戦国大名。父長尾為景の死後、当主として関東管領上杉氏を助け、その姓と職を譲られる。信玄・信長と対決し、関東出陣を目前に病没。謙信発給の書状などから生涯を辿り、領国統治の実態や信仰、人柄に迫る。　三四四頁

忽ち2刷！

大学で学ぶ 東北の歴史

東北学院大学文学部歴史学科編　Ａ５判・二六八頁／一九〇〇円

日本史の中に東北の歴史を位置付けるため最適なテーマを選び、遺跡・争乱・人物や自然災害など東北独自のトピックスを盛り込んだ通史テキスト。歴史愛好家や社会人など、歴史を学びなおしたい人にも最適な入門書。

6 毛利領国の拡大と尼子・大友氏

池　享著

十六世紀後半、西日本では大内氏を倒し台頭した毛利氏をはじめ、尼子や大友、島津などの地域勢力が熾烈な領土争いを繰り広げた。海外交易の実態、流通・経済の発展など社会状況も概観し、西国大名の覇権争いを描く。

＊十六世紀後半／西日本

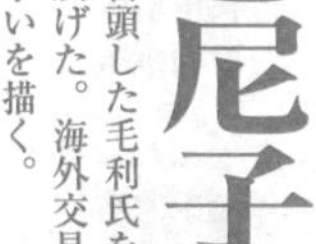

7 東日本の統合と織豊政権

竹井英文著

十六世紀後半、関東では武田・上杉・北条らの領土紛争が激化、奥羽では伊達の勢力が急拡大する。戦乱の中で進化する築城技術や経済活動、領国支配の構造などを描き、織豊政権の介入で統合へ向かう東日本の姿を追う。

＊十六世紀後半／東日本

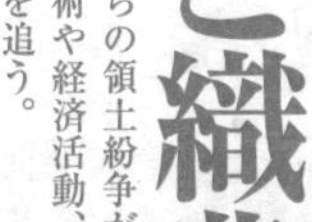

1 享徳の乱と戦国時代 〈2刷〉

久保健一郎著

十五世紀後半、上杉方と古河公方《くぼう》方が抗争した享徳《きょうとく》の乱に始まり、東日本の地域社会は戦国の世へ突入する。室町幕府の東国対策、伊勢宗瑞《そうずい》の伊豆侵入、都市と村落の様相、文人の旅などを描き、戦国時代の開幕を見とおす。

＊十五世紀後半／東日本

続刊書目

2 応仁・文明の乱と明応の政変　大薮　海著　＊十五世紀後半／中央・西日本

5 東日本の動乱と戦国大名の発展　丸島和洋著　＊十六世紀前半／東日本

8 織田政権の登場と戦国社会　平井上総著　10月刊行　＊十六世紀後半／全国

9 天下人の誕生と戦国の終焉　光成準治著　＊十七世紀初頭／全国

われわれは宗教をどう理解し、いかに向き合うか？
新しい人文学のあり方を構想する画期的シリーズ！

日本宗教史

全6巻
刊行中

〈企画編集委員〉伊藤　聡・上島　享・佐藤文子・吉田一彦

世界各地で頻発する紛争や、疫病、自然災害など、不安が増大する今日、宗教の役割が問い直されている。古代から現代に至る長い時間軸の中で日本の宗教をとらえ、世界との豊かな文化交流と日本列島に生きた人々の信仰の実態に着目して分野横断的に諸相を追究する。様々な学問分野の研究蓄積を活かし、世界史の中の新たな日本の宗教史像を提示する。

A5判・平均三〇〇頁
各三八〇〇円
『内容案内』送呈

●発売中の3冊

1 日本宗教史を問い直す

吉田一彦・上島　享編　三四四頁

古代から近代までの日本宗教史を、神の祭祀や仏法伝来、宗教活動の展開と宗教統制、政治との関係などを柱に概観する。さらに文化交流史、彫刻史、建築史、文学、民俗学の分野から日本の豊かな宗教史像をとらえ直す。

3 宗教の融合と分離・衝突

伊藤　聡・吉田一彦編　三〇八頁

仏教・神道・キリスト教をはじめ多様な宗教が併存する日本社会。他の信仰に対する寛容さを持つ一方、排他的な志向や事件も繰り返されている。古代から現代まで、さまざまな宗教・思想・信仰の融合と葛藤の軌跡を辿る。

6 日本宗教史研究の軌跡

佐藤文子・吉田一彦編　二九四頁

日本宗教史の諸学説はいつ、どのようにして成立したのであろうか。明治・大正以来の研究の歩みを振り返り、今後の学問の方向を探る。近代国家の展開に共振する学問史を洞察し、新たな日本宗教史研究の地平をめざす。

●続刊

2 世界のなかの日本宗教

上島　享・吉田一彦編

5 日本宗教の信仰世界

伊藤　聡・佐藤文子編

4 宗教の受容と交流

佐藤文子・上島　享編　10月発売

全巻予約受付中！

ご予約は最寄りの書店、または小社営業部まで。

【本シリーズの特色】

◉宗教史の視座から、現代日本の信仰、文化、社会などのあり方を再考する。

◉古代から現代に至る日本宗教の歴史を通史的に把握しつつ、各巻にその特徴を浮き彫りにするテーマを設定。

◉日本史・外国史・宗教学・文学・美術史・建築史・民俗学等の諸分野の成果を反映しつつ、垣根を越えて総合的に考察し、新たな人文学の方向性を模索する。

◉日本の宗教は世界史のなかにどのように位置づけられるのか。諸外国との交流により形成された宗教文化の実相を明確化し、国際社会と日本の関わりを描く。

◉仏教・神道・キリスト教・儒教・陰陽道など、個別の宗教や宗派研究の枠を出て、それぞれが融合・衝突・併存しつつ日本社会に定着した姿を考察する。

◉日本の思想・学問・芸術そして生活へと影響を与えた宗教文化の内実を論じ、人びとの信仰のかたちと死生観を明らかにする。

◉日本の宗教を私たちがどう自己認識してきたかを検証し、宗教の概念を問い直す。

歴史文化ライブラリー

●20年6月〜9月発売の7冊

四六判・平均二二〇頁

※通巻505は編集上の都合により刊行を遅延します。

人類誕生から現代まで／忘れられた歴史の発掘／常識への挑戦／学問の成果を誰にもわかりやすく／ハンディな造本と読みやすい活字／個性あふれる装幀

502 六国史以前 日本書紀への道のり 〈2刷〉

関根 淳著

日本古代史の基本史料として絶対的な古事記と日本書紀。だが、古代には〝記紀〟以外にも帝紀《ていき》・旧辞《きゅうじ》、天皇記・国記、上宮記《じょうぐうき》など多くの史書が存在した。これらの実態に迫り、古事記を一つの史書として位置づけなおす。

二八四頁／一八〇〇円

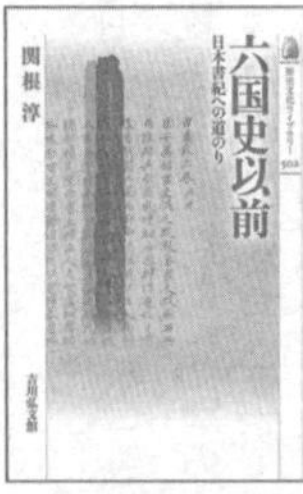

503 日本の開国と多摩 生糸・農兵・武州一揆

藤田 覚著

ペリー来航や開港・自由貿易の開始は多摩に何をもたらしたのか。際限ないカネ・ヒトの負担、生糸生産発展の一方で生じた経済格差、武州一揆の発生など、その要因・実態を探り、未曽有の大変革に生きた多摩の営みを描く。

二四〇頁／一七〇〇円

504 藤原仲麻呂と道鏡 ゆらぐ奈良朝の政治体制

鷺森浩幸著

奈良時代、政治の実権を持った藤原仲麻呂と道鏡。彼らはいかに絶大な権力を握ったのか。乱を起こし一族滅亡した仲麻呂、皇位に手が届いたかにみえたが失脚した道鏡。二人の人物像と政治背景を軸に政変の実像を探る。

二四〇頁／一七〇〇円

506
天神様の正体
菅原道真の生涯

森 公章著

儒者の家に生まれた菅原道真は、なぜ政治の世界で異例の出世を遂げたのか。また、なぜある日突然、大宰府に左遷されたのか。三善清行との確執や遣唐使廃止に至る真相など、さまざまな側面から〝天神様〟の姿に迫る。

二四〇頁／一七〇〇円

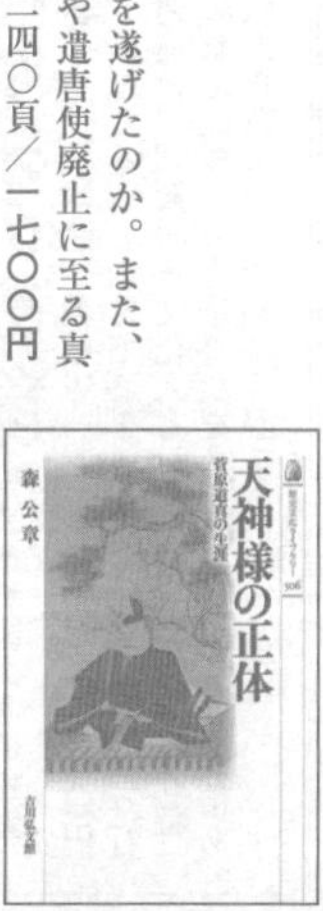

507
古代の食生活
食べる・働く・暮らす

吉野秋二著

食べれば残らないから、はるか古《いにしえ》の食生活は再現が難しい。誰が何をどう食べたのか。米の支給方法や調理、酒の醸造と流通、東西の市場、酒宴の様子などからアプローチ。食事を成り立たせた社会の仕組みを明らかにする。

一九二頁／一七〇〇円

508
イエズス会がみた「日本国王」
天皇・将軍・信長・秀吉

松本和也著

戦国末期に来日し、キリスト教を布教したイエズス会の宣教師たち。彼ら西洋人は、日本の権力者をどのように見ていたのか。書き残された膨大な書翰《しょかん》や報告書を分析し、実体験に基づく日本国家観、権力者観を読み解く。

二三四頁／一七〇〇円

509
難民たちの日中戦争
戦火に奪われた日常

芳井研一著

日中戦争の全面化は、中国大陸で戦禍を逃れて流浪する厖大な戦争難民を生んだ。都市爆撃が戦争の展開にもたらした影響や、国民政府と中国共産党の難民救済対策などに光を当て追跡。従来の〈日中戦争史〉に一石を投じる。

二七二頁／一八〇〇円

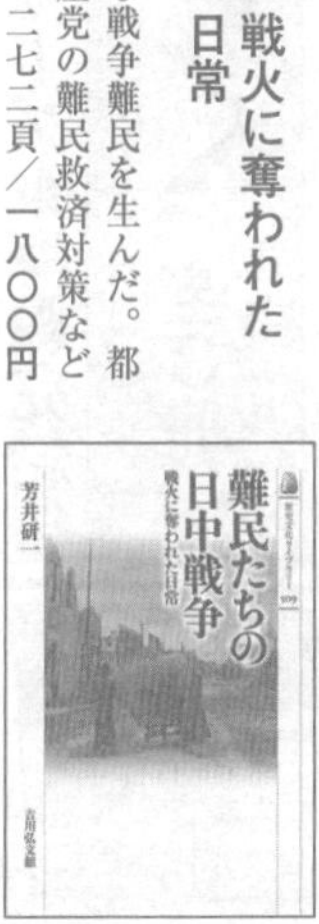

まぼろしの南都の名園をさぐる待望の発掘調査報告書！

名勝 旧大乗院庭園

本文編 四九六頁
図版・資料編 三七二頁

全2冊セット

奈良文化財研究所編集・発行（吉川弘文館・発売）

三二〇〇〇円＊分売不可
A4判・函入・外箱付

『内容案内』送呈

名勝旧大乗院庭園は、南都の名園と謳われた日本庭園である。奈良文化財研究所が長年の発掘調査と、豊富な文献や絵画資料との対比により、名園の全貌と歴史を解明する。高精細印刷による鮮明な図面・写真を多数掲載し、関連資料を網羅的に収集、旧大乗院庭園の歴史的価値を裏づける一冊。中近世史、庭園史、建築史、考古学、寺院史研究に必備の報告書。

東国の中世石塔

東北から関東甲信越・静岡まで、千基以上を完全資料化―中世史への新たな提言

余見宝篋印塔
（伝源頼朝墓・神奈川県）

磯部淳一著
二五〇〇〇円
『内容案内』送呈

畿内で成立し、東国に伝播した中世石塔。平泉文化の栄えた東北から関東甲信越・静岡にいたる千基以上の石塔を集録し、四十年にわたる現地調査による基本データと解説、写真、図表により紹介。その形態や分布から各地域の特徴を明らかにし、中世石塔の全容に迫る。資料として、五輪塔や宝篋印塔などの種類別、成立年代順の東国石塔一覧を付載する。

B5判・函入・八四六頁

元箱根二十五菩薩摩崖仏

戦国期北部九州の城郭構造

岡寺　良著

B5判・二六〇頁／一一〇〇〇円

中小武士勢力が割拠していた戦国期の北部九州。秋月氏などの城館の縄張り調査、古絵図・地籍図の分析から実態に迫る。織豊系城郭の築城技術による構造上の変化を考察し、北部九州の社会構造、政治体制の解明にも挑む。

近世の地域行財政と明治維新

今村直樹著

〈僅少〉A5判・三九四頁／一一〇〇〇円

近世の地域社会統治のため、名主や庄屋の上位に置かれた大庄屋。その一つ、熊本藩の手永・惣庄屋制の行財政機能を詳細に検討。領主制と地域社会の展開を追い、明治維新という社会変革後の地方制度への影響を解明する。

近世社会と壱人両名　身分・支配・秩序の特質と構造

尾脇秀和著

A5判・四九六頁／一二〇〇〇円

近世日本において一人の人物が異なる二つの名前と身分を同時に保持し使い分けた「壱人両名《いちにんりょうめい》」。身分の移動や兼帯はなぜ生じたのか。成立から終焉まで、多様な事例を分析。近世社会の建前と実態、本質に迫る。

仁和寺史料　古文書編二

奈良文化財研究所編

A5判／一二〇〇〇円　三六二頁　口絵八頁

浅草寺日記　第40巻（明治四年～明治五年）

浅草寺史料編纂所・浅草寺日並記研究会編

A5判・八一六頁／一〇〇〇〇円

日本考古学年報　71（2018年度版）

日本考古学協会編集

A4判・二三〇頁／四〇〇〇円

交通史研究　第96号

交通史学会編集

A5判・一一〇頁／二五〇〇円

戦国史研究　第80号

戦国史研究会編集

A5判・五二頁／六八二円

富士山噴火の考古学　火山と人類の共生史

富士山考古学研究会　編

A5判・三五二頁／四五〇〇円

世界文化遺産の富士山は、古来、噴火を繰り返し、生活に大きな影響を与えてきた。富士山考古学研究会が、山梨・静岡・神奈川の縄文～近世のテフラ（火山灰）が堆積した噴火罹災遺跡を考古学で詳細に検証し共生を探る。

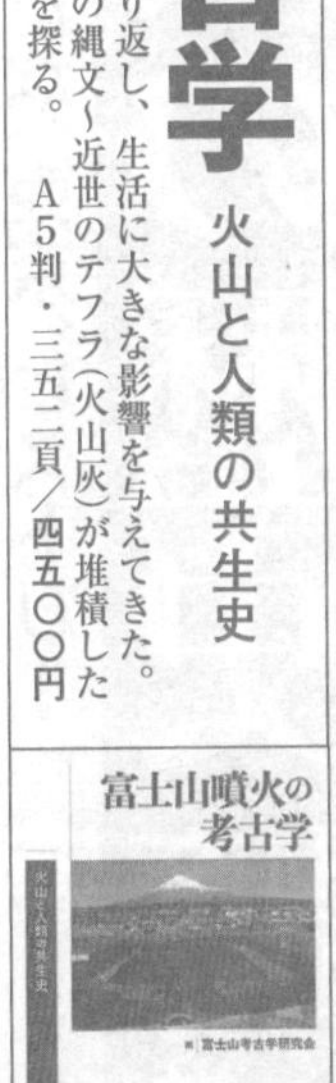

日本人は、何を、何のために、どのように食べてきたか？

日本の食文化 全6巻

小川直之・関沢まゆみ・藤井弘章・石垣 悟編

食材、調理法、食事の作法や歳事・儀礼など多彩な視点から、これまでの、そしてこれからの日本の〝食〟を考える。『内容案内』送呈

四六判・平均二五六頁／各二七〇〇円

1 食事と作法

小川直之編

人間関係や社会のあり方と密接に結びついた「食」を探る。

2 米と餅

関沢まゆみ編 腹を満たすかて飯とハレの日のご馳走。特別な力をもつ米の食に迫る。

3 麦・雑穀と芋

小川直之編

穀物や芋を混ぜた飯、粉ものへの加工。米だけでない様々な主食を探る。

4 魚と肉

藤井弘章編 沿海と内陸での違い、滋養食や供物。魚食・肉食の千差万別を知る。

5 酒と調味料、保存食

石垣 悟編

乾燥に発酵、保存の知恵が生んだ食。「日本の味」の成り立ちとは。

6 菓子と果物

関沢まゆみ編

味覚を喜ばせる魅力的な嗜好品であった甘味の歴史と文化。

「令和」を迎え「平成」を網羅した十四年ぶりの増補新版！

日本史総合年表 第三版

加藤友康・瀬野精一郎・鳥海 靖・丸山雍成編

一八〇〇〇円

旧石器時代から令和改元二〇一九年五月一日に至るまで、政治・経済・社会・文化にわたる四万一〇〇〇項目を収録する。便利な日本史備要と詳細な索引を付した画期的編集。国史大辞典別巻

四六倍判・一二九二頁

定評ある日本史年表の決定版

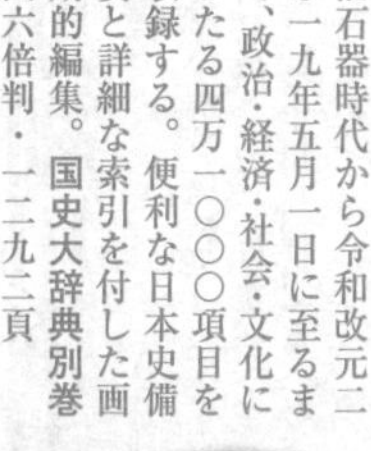

事典 日本の年号

小倉慈司著

四六判・四五四頁／二六〇〇円

大化から令和まで、二四八の年号を確かな史料に基づき平易に紹介。年号ごとに在位した天皇、改元理由などを明記し、年号字の典拠やその訓みを解説する。地震史・環境史などの成果も取り込んだ画期的〈年号〉事典。

令和新修 歴代天皇・年号事典

米田雄介編

四六判・四六四頁／一九〇〇円

令和改元に伴い待望の増補新修。神武天皇から今上天皇までを網羅し、略歴・事跡、各天皇の在位中に制定された年号等を収める。皇室典範特例法による退位と即位を巻頭総論に加え、天皇・皇室の関連法令など付録も充実。

研究史、最新の見解、読むべき参考文献など、
どこから、何を勉強すればよいかがわかる！

テーマで学ぶ 日本古代史 全2冊

佐藤 信監修・新古代史の会編
A5判／各一九〇〇円

政治・外交編 二三二頁

古代王権の成立と展開、律令制のしくみ、天皇制や貴族の登場、遣唐使など。

社会・史料編 二七〇頁

戸籍や土地制度、宗教や文化、「記紀」をはじめとする古代の史料など。

永青文庫の古文書 光秀・葡萄酒・熊本城

公益財団法人永青文庫・熊本大学永青文庫研究センター編
【永青文庫設立70周年記念出版】 四六判／一八〇〇円

熊本藩細川家に伝わる六万点近くの歴史資料。幽斎・明智光秀・ガラシャをめぐる人間模様、忠利の所望した国産葡萄酒、江戸初期の震災と熊本城の修復、歴代当主の甲冑のゆくえなどを取り上げ、細川家の歴史の深奥に迫る。 二四四頁

好評重版

日本仏像事典

真鍋俊照編 四六判・四四〇頁・原色口絵八頁／二五〇〇円

仏像の多種多様な姿をわかりやすく解説した〈仏像事典〉の決定版。如来・菩薩・明王などの種類別に百尊を収録、各部の名称やポーズをイラストで解説する。仏の様々な信仰についても詳説。仏像鑑賞に必携のハンドブック。

鎌倉将軍・執権・連署列伝

日本史史料研究会監修・細川重男編 A5判／二五〇〇円

鎌倉幕府政治の中心にあった将軍、そしてその補佐・後見役であった執権・連署、三五人の人物に焦点を絞り、それぞれの立場での行動や事績を解説する。巻末には詳細な経歴表を付し、履歴を具体的に示す。 二七二頁

戦国期細川権力の研究

馬部隆弘著 A5判・八〇八頁／二〇〇〇〇円

細川京兆家の分裂・抗争は、結果としてその配下たちの成長をもたらす。柳本賢治、木沢長政、そして三好長慶が、なぜ次から次に台頭したのか。発給文書を徹底的に編年化し、細川から三好への権力の質的変容を論じる。

伊達騒動と原田甲斐（読みなおす日本史）

小林清治著 四六判・一九八頁／二二〇〇円

江戸の三大お家騒動「伊達騒動」。事件を脚色した歌舞伎「伽羅先代萩」では悪役の仙台藩重臣原田甲斐だが、山本周五郎の小説『樅ノ木は残った』では忠臣とされた。真相はどうだったか。史料を丹念に読み解き史実に迫る。

●近刊

※書名は仮題のものもあります。

元興寺・元興寺文化財研究所編
日本仏教はじまりの寺 元興寺 一三〇〇年の歴史を語る
A5判／二二〇〇円

元興寺・元興寺文化財研究所編
図説 元興寺の歴史と文化財 一三〇〇年の法灯と信仰
B5判／二六〇〇円

小笠原好彦著
検証 奈良の古代仏教遺跡 飛鳥・白鳳寺院の造営と氏族
A5判／二二〇〇円

宗教法人光明宗 法華寺編
光明皇后御傳 改訂増補版
A5判／六〇〇〇円

倉本一宏編
現代語訳 小右記 ⑪右大臣就任
四六判／三〇〇〇円

今井雅晴著
仏都鎌倉の一五〇年（歴史文化ライブラリー510）
四六判／一七〇〇円

笹本正治著
鳴動する中世 怪音と地鳴りの日本史（読みなおす日本史）
四六判／二二〇〇円

永村　眞著
中世醍醐寺の仏法と院家
A5判／九〇〇〇円

荒武賢一朗・野本禎司・藤方博之編
みちのく歴史講座 古文書が語る東北の江戸時代
A5判／二二〇〇円

石井龍太著
ものがたる近世琉球 喫煙・園芸・豚飼育の考古学（歴史文化ライブラリー512）
四六判／価格は未定

高杉洋平著
昭和陸軍と政治「統帥権」というジレンマ（歴史文化ライブラリー513）
四六判／価格は未定

伊藤正直著
戦後文学のみた〈高度成長〉（歴史文化ライブラリー511）
四六判／一七〇〇円

吉川弘文館編集部編
日本史「今日は何の日」事典
A5判／価格は未定

吉川弘文館編集部編
歴史手帳 2021年版
A6判／一一〇〇円

大好評のロングセラー発売中！

児玉幸多編
日本史年表・地図
B5判・一三八頁／一三〇〇円

亀井高孝・三上次男・林　健太郎・堀米庸三編
世界史年表・地図
B5判二〇六頁 一四〇〇円

郵便はがき

料金受取人払郵便

本郷局承認

4173

差出有効期間
2022年7月
31日まで

113-8790

東京都文京区本郷7丁目2番8号

吉川弘文館 行

愛読者カード

本書をお買い上げいただきまして、まことにありがとうございました。このハガキを、小社へのご意見またはご注文にご利用下さい。

お買上書名

＊本書に関するご感想、ご批判をお聞かせ下さい。

＊出版を希望するテーマ・執筆者名をお聞かせ下さい。

お買上書店名　区市町　書店

◆新刊情報はホームページで　http://www.yoshikawa-k.co.jp/

◆ご注文、ご意見については　E-mail:sales@yoshikawa-k.co.jp

ご氏名《ふりがな》　　年齢　　歳　　男・女

〒 □□□-□□□□　　電話

ご住所

ご職業　　所属学会等

ご購読新聞名　　ご購読雑誌名

今後、吉川弘文館の「新刊案内」等をお送りいたします(年に数回を予定)。
ご承諾いただける方は右の□の中に✓をご記入ください。　□

注文書

月　　日

書　　名	定　価	部　数
	円	部
	円	部
	円	部
	円	部
	円	部

配本は、○印を付けた方法にして下さい。

イ. 下記書店へ配本して下さい。
(直接書店にお渡し下さい)
―(書店・取次帖合印)―

書店様へ＝書店帖合印を捺印下さい。

ロ. 直接送本して下さい。
代金(書籍代＋送料・代引手数料)は、お届けの際に現品と引換えにお支払下さい。送料・代引手数料は、1回のお届けごとに500円です(いずれも税込)。

＊お急ぎのご注文には電話、FAXをご利用ください。
電話 03−3813−9151(代)
FAX 03−3812−3544

臼井　進「室町幕府と織田政権の関係について」（久野雅司編『シリーズ室町幕府の研究2　足利義昭』戎光祥出版、二〇一五年）
浦長瀬隆『中近世日本貨幣流通史』（勁草書房、二〇〇一年）
遠藤珠紀「天正十年の改暦問題」（東京大学史料編纂所編『日本史の森をゆく』中央公論新社、二〇一四年）
遠藤ゆり子「東北と統一権力」（同編『東北の中世史4　伊達氏と戦国争乱』吉川弘文館、二〇一六年）
太田浩司「姉川合戦と戦場の景観」（日本史史料研究会監修・渡邊大門編『信長軍の合戦史』吉川弘文館、二〇一六年）
勝俣鎮夫「楽市場と楽市令」（『戦国法成立史論』東京大学出版会、一九七九年）
加藤理文『織豊権力と城郭』（高志書院、二〇一二年）
金子　拓「『信長記』を求めた人びと」（『織田信長という歴史』勉誠出版、二〇〇九年）
金子　拓『織田信長〈天下人〉の実像』（講談社、二〇一四年）
金子　拓「誠仁親王の立場」（『織田信長権力論』吉川弘文館、二〇一五年）
金子　拓『織田信長　不器用すぎた天下人』（河出書房新社、二〇一七年）
金子　拓「織田信長と東国」（群馬県立歴史博物館編『織田信長と上野国』二〇一八年a）
金子　拓「織田信長にとっての長篠の戦い」（同編『長篠合戦の史料学』勉誠出版、二〇一八年b）
河内将芳『日蓮宗と戦国京都』（淡交社、二〇一三年）
河内将芳『宿所の変遷からみる　信長と京都』（淡交社、二〇一八年）
川崎喜久子「織田政権下の堺」（『ヒストリア』九二、一九八一年）

川戸貴史『戦国大名の経済学』（講談社、二〇二〇年）
神田千里『信長と石山合戦』（吉川弘文館、一九九五年）
神田千里『戦争の日本史14　一向一揆と石山合戦』（吉川弘文館、二〇〇七年）
神田千里「中世末の「天下」について」（『戦国時代の自力と秩序』吉川弘文館、二〇一三年）
木越隆三「越前惣国検地と検地手法」（『織豊期検地と石高の研究』桂書房、二〇〇〇年）
木下　聡「織田権力と織田信忠」（戦国史研究会編『織田権力の領域支配』岩田書院、二〇一一年）
木下　聡「総論　美濃斎藤氏の系譜と動向」（同編『論集戦国大名と国衆16　美濃斎藤氏』岩田書院、二〇一四年）
木下　聡「中世における誕生日」（『日本歴史』八〇四、二〇一五年）
桐野作人『だれが信長を殺したのか』（PHP研究所、二〇〇七年）
桐野作人「信長起請文にみる志賀の陣　和睦の真相」（『歴史読本』五六―七、二〇一一年）
桐野作人『織田信長』（KADOKAWA、二〇一四年）
金龍　静『一向一揆論』（吉川弘文館、二〇〇四年）
久野雅司『足利義昭と織田信長』（戎光祥出版、二〇一七年）
久野雅司『織田信長政権の権力構造』（戎光祥出版、二〇一九年）
黒嶋　敏「織田信長と島津義久」（『日本歴史』七四一、二〇一〇年）
黒嶋　敏「「鉄ノ船」の真相」（金子拓編『『信長記』と信長・秀吉の時代』勉誠出版、二〇一二年）
黒田　智「天皇と天下人の美術戦略」（高岸輝・黒田智『天皇の美術史3　乱世の王権と美術戦略』吉川弘文館、二〇一七年）

黒田日出男『謎解き　洛中洛外図』（岩波書店、一九九六年）
呉座勇一『陰謀の日本中世史』（ＫＡＤＯＫＡＷＡ、二〇一八年）
小島道裕『戦国・織豊期の都市と地域』（青史出版、二〇〇五年）
小林清治「信長・秀吉権力の城郭統制」（『秀吉権力の形成』東京大学出版会、一九九四年）
桜井英治・中西聡編『新体系日本史12　流通経済史』（山川出版社、二〇〇二年）
桜井英治「銭貨のダイナミズム」（『交換・権力・文化』みすず書房、二〇一七年）
柴　裕之「織田政権の関東仕置」（『白山史学』三七、二〇〇一年）
柴　裕之「織田・毛利開戦の要因」（『戦国史研究』六八、二〇一四年ａ）
柴　裕之「武田信玄の三河・遠江侵攻と徳川家康」（『戦国・織豊期大名徳川氏の領国支配』岩田書院、二〇一四年ｂ）
柴　裕之「永禄の政変の一様相」（『戦国史研究』七二、二〇一六年）
柴　裕之『徳川家康』（平凡社、二〇一七年）
柴　裕之「織田・上杉開戦への過程と要因」（『戦国史研究』七五、二〇一八年）
柴辻俊六「織田政権下の堺と今井宗久」（『織田政権の形成と地域支配』戎光祥出版、二〇一六年）
清水有子「織田信長の対南蛮交渉と世界観の転換」（清水光明編『アジア遊学185　「近世化」論と日本』勉誠出版、二〇一五年）
下川雅弘「織田権力の摂津支配」（戦国史研究会編『織田権力の領域支配』岩田書院、二〇一一年）
下村信博『戦国・織豊期の徳政』（吉川弘文館、一九九六年）
鈴木将典「明智光秀の領国支配」（戦国史研究会編『織田権力の領域支配』岩田書院、二〇一一年）

千田嘉博『信長の城』（岩波書店、二〇一三年）
高木久史『日本中世貨幣史論』（校倉書房、二〇一〇年）
高橋康夫『洛中洛外』（平凡社、一九八八年）
竹井英文「戦国・織豊期東国の政治情勢と「惣無事」」（『織豊政権と東国社会』吉川弘文館、二〇一二年）
武内善信「雑賀衆と雑賀一向宗」（『雑賀一向一揆と紀伊真宗』法蔵館、二〇一八年）
竹本千鶴『織豊期の茶会と政治』（思文閣出版、二〇〇六年）
谷口克広『信長軍の司令官』（中央公論新社、二〇〇五年）
谷口克広『検証　本能寺の変』（吉川弘文館、二〇〇七年）
谷口克広『織田信長家臣人名辞典』（第二版、吉川弘文館、二〇一〇年）
谷口克広『天下人の父・織田信秀』（祥伝社、二〇一七年）
谷口雄太「戦国期斯波氏の基礎的考察」（『中世足利氏の血統と権威』吉川弘文館、二〇一九年）
戸谷穂高「関東・奥両国「惣無事」と白河義親」（村井章介編『中世東国武家文書の研究』高志書院、二〇〇八年）
長澤伸樹『楽市楽座はあったのか』（平凡社、二〇一九年）
播磨良紀「織田信長の長島一向一揆攻めと「根切」」（新行紀一編『戦国期の真宗と一向一揆』吉川弘文館、二〇一〇年）
平井上総「織田政権と盟約」（酒井紀美編『生活と文化の歴史学6　契約・誓約・盟約』竹林舎、二〇一五年）
平井上総『長宗我部元親・盛親』（ミネルヴァ書房、二〇一六年ａ）

平井上総「光秀謀叛の契機は長宗我部氏にあったのか?」(洋泉社編集部編『ここまでわかった　本能寺の変と明智光秀』洋泉社、二〇一六年b)
平井上総『兵農分離はあったのか』(平凡社、二〇一七年a)
平井上総「織田信長研究の現在」(『歴史学研究』九五五、二〇一七年b)
平井上総「織田家臣と安土」(『織豊期研究』二〇、二〇一八年)
平野明夫「徳川氏と織田氏」(『徳川権力の形成と発展』岩田書院、二〇〇六年)
平野明夫「桶狭間の戦い」(日本史史料研究会監修・渡邊大門編『信長軍の合戦史』吉川弘文館、二〇一六年)
平山　優『敗者の日本史9　長篠合戦と武田勝頼』(吉川弘文館、二〇一四年)
平山　優『武田氏滅亡』(KADOKAWA、二〇一七年)
深谷幸治『戦国織豊期の在地支配と村落』(校倉書房、二〇〇三年)
福島克彦「織豊系城郭の地域的展開」(柴裕之編『シリーズ・織豊大名の研究8　明智光秀』戎光祥出版、二〇一九年)
藤井讓治『天皇の歴史5　天皇と天下人』(講談社、二〇一一年)
藤井讓治「織田信長の撰銭令とその歴史的位置」(『日本史研究』六一四、二〇一三年)
藤井讓治「近世貨幣論」(大津透ほか編『岩波講座日本歴史　近世2』岩波書店、二〇一四年)
藤田達生「織田政権から豊臣政権へ」(『年報中世史研究』二一、一九九六年)
藤田達生「兵農分離と郷士制度」(『日本中・近世移行期の地域構造』校倉書房、二〇〇〇年)
藤田達生『信長革命』(角川学芸出版、二〇一〇年a)

藤田達生「「鞆幕府」論」(『芸備地方史研究』二六八・二六九、二〇一〇年b)
藤本正行『信長の戦争』(講談社、二〇〇三年)
堀　新『織豊期王権論』(校倉書房、二〇一一年)
堀　新「明智光秀『家中軍法』をめぐって」(柴裕之編『シリーズ・織豊大名の研究8　明智光秀』戎光祥出版、二〇一九年)
本多隆成『徳川家康と武田氏』(吉川弘文館、二〇一九年)
本多博之『戦国織豊期の貨幣と石高制』(吉川弘文館、二〇〇六年)
松下　浩「総論　信長文書の語るもの」(滋賀県立安土城考古博物館編『信長文書の世界』二〇〇〇年)
松永和也「信長とイエズス会の本当の関係とは」(日本史史料研究会監修・渡邊大門編『信長研究の最前線②』洋泉社、二〇一七年)
丸島和洋「織田権力の北陸支配」(戦国史研究会編『織田権力の領域支配』岩田書院、二〇一一年)
丸島和洋『武田勝頼』(平凡社、二〇一七年)
三鬼清一郎「戦国・近世初期における国家と天皇」(『織豊期の国家と秩序』青史出版、二〇一二年)
水野　嶺「幕府儀礼にみる織田信長」(『日本史研究』六七六、二〇一八年)
宮島敬一『浅井氏三代』(吉川弘文館、二〇〇八年)
村井祐樹「幻の信長上洛作戦」(『古文書研究』七八、二〇一四年)
村田修三監修・城郭談話会編『織豊系城郭とは何か』(サンライズ出版、二〇一七年)
森脇崇文「宇喜多直家」(天野忠幸編『松永久秀』宮帯出版社、二〇一七年)
山田康弘『戦国時代の足利将軍』(吉川弘文館、二〇一一年)

山田康弘「第十三代　足利義輝」（榎原雅治・清水克行編『室町幕府将軍列伝』戎光祥出版、二〇一七年）
山本浩樹「織田・毛利戦争の地域的展開と政治動向」（川岡勉・古賀信幸編『日本中世の西国社会1　西国の権力と戦乱』清文堂出版、二〇一〇年）
横山住雄『織田信長の尾張時代』（戎光祥出版、二〇一二年）
和田裕弘「安土城〝初代〟天主は倒壊していた！」（『歴史読本』五二―一二、二〇〇七年）
和田裕弘「牛一の推敲について」（金子拓編『『信長記』と信長・秀吉の時代』勉誠出版、二〇一二年）
渡邊大門『宇喜多直家・秀家』（ミネルヴァ書房、二〇一一年）
渡邊大門『山陰・山陽の戦国史』（ミネルヴァ書房、二〇一九年）

系図

織田氏系図（池上二〇一二より）

- 良信
  - 信貞（信定）
    - 信秀
      - 信広
      - 秀俊（系図で信時）
      - 信長
        - 信忠（信重）
          - 秀信
        - 信雄（具豊、信意、信勝）（一時、北畠氏養子）
          - 秀雄
          - 信良
          - 高長
        - 信孝（一時、神戸氏養子）
        - 秀勝（羽柴秀吉養子）
        - 信房（系図で勝長。一時、遠山氏勝養子）
        - 信秀
        - 信高
        - 信吉
        - 信貞
        - 信好（系図で長好とも）
      - 信勝（達成、信成）（系図で信行）
        - 信澄
      - 秀孝
      - 信包（信良）（一時、長野氏養子）
      - 信治
      - 信興（系図で信与とも）
      - 信照（中根氏養子）
      - 秀成
      - 長益
        - 長政
        - 尚長
      - 長利
    - 信康
      - 信清
    - 信光
      - 信成
    - 信実
    - 信次
    - 女（遠山景任室）

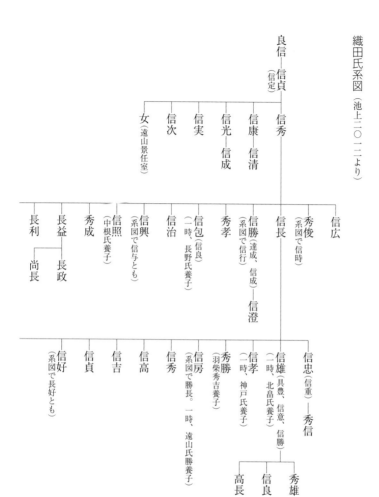

女（神保氏張室、のち、稲葉貞通室）
女（織田信清室）
女（斎藤秀龍室）
女（遠山直廉室）
女（市。浅井長政室、のち、柴田勝家室）
女（織田信直室）
女（織田信成室）
女（犬。佐治為興〈信方〉室、のち、細川信良室）
女（津田出雲守室）
女（飯尾尚清〈信宗〉室）
女（津田元嘉室）
女（牧長清室）

長次
女（蒲生氏郷室）
女（五徳。徳川信康室）
女（筒井定次室）
女（前田利長室）
女（丹羽長重室）
女（三の丸殿。羽柴秀吉側室）
女（振。水野忠胤室）
女（中川秀政室）
女（万里小路充房室）
女（徳大寺実久室）
養女（遠山直廉の女。武田勝頼室）
養女（畠山氏の女。二条昭実室）

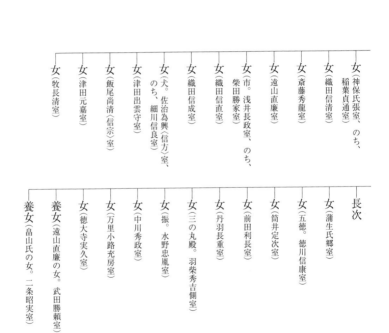

足利氏系図（久野二〇一七より）

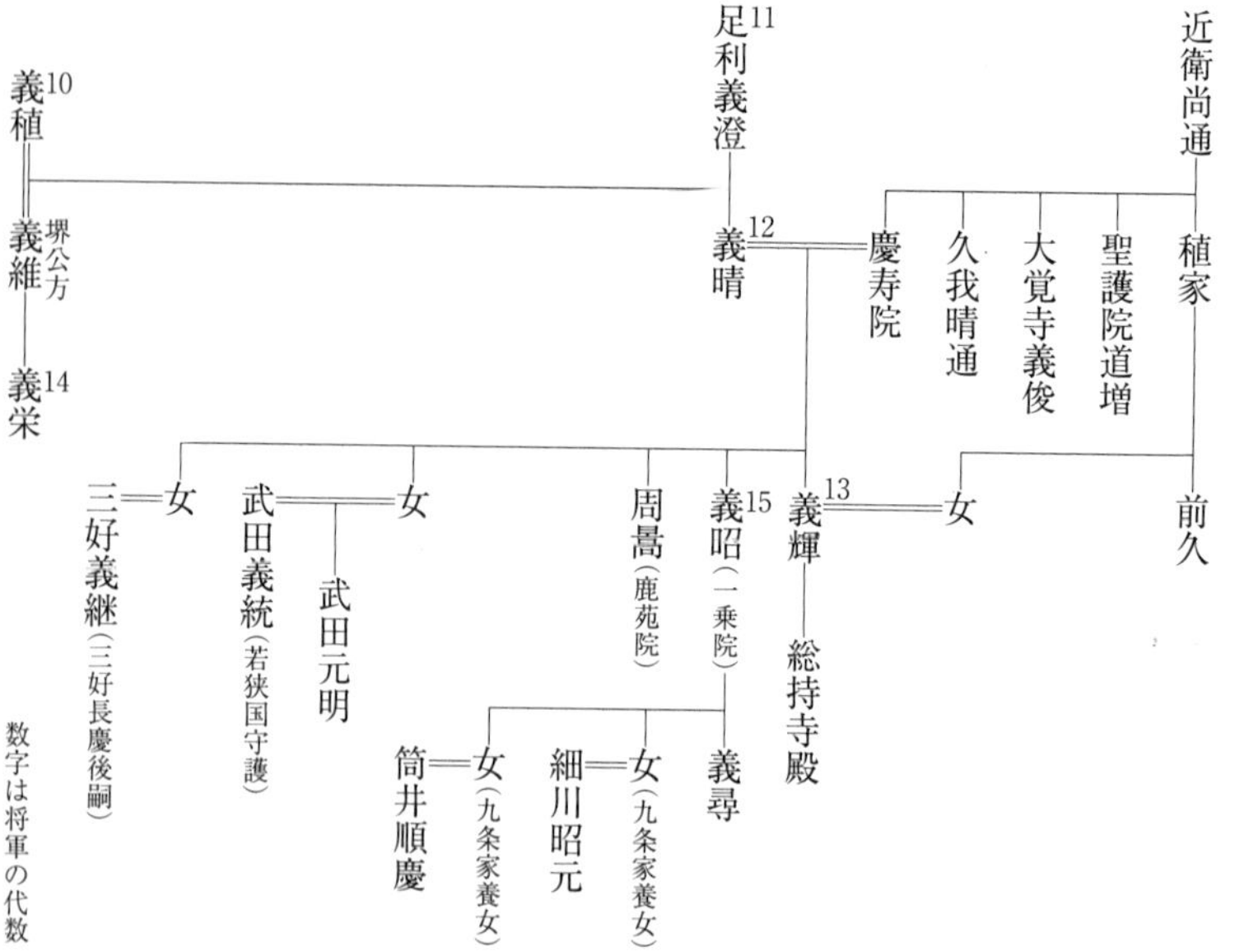

近衛尚通
稙家
聖護院道増
大覚寺義俊
久我晴通
慶寿院
前久
女
足利義澄 11
義稙 10
義維 堺公方
義栄 14
義晴 12
義輝 13
総持寺殿
義昭 15（一乗院）
周暠（鹿苑院）
女
武田義統（若狭国守護）
武田元明
女
三好義継（三好長慶後嗣）
義尋
女（九条家養女）
細川昭元
女（九条家養女）
筒井順慶
数字は将軍の代数

略年表

年号	西暦	事項
天文　　三	一五三四	五月、織田信長が生まれる。
天文二十一	一五五二	三月、織田信秀が病死し、信長が家督を相続。
天文二十三	一五五四	四月、信長が尾張国清須城を攻略。
永禄　　三	一五六〇	五月、桶狭間の戦い。信長が今川義元を破り討ち取る。
永禄　　六	一五六三	秋、三河一向一揆。この年、信長が小牧山城を築城し移る。
永禄　　八	一五六五	五月、三好義継が足利義輝を殺害。七月、足利義昭が奈良から脱出。十二月、信長が義昭の上洛に供奉することを同意。
永禄　　九	一五六六	八月、信長が斎藤龍興勢に敗れる。同月、足利義昭が近江国矢島を退去して若狭国・越前国へ移動。
永禄　　十	一五六七	八月、信長が稲葉山城（岐阜城）を奪取し美濃国を攻略。十月、信長が岐阜城下町で自身初めての楽市令を制定。
永禄　十一	一五六八	二月、足利義栄が征夷大将軍に任官。七月、足利義昭が越前国一条谷から美濃国岐阜に移動。九月、信長が義昭とともに上洛。同月、義栄が病死。同月、信長が二回目の岐阜楽市令を制定。十月、義昭が征夷大将軍に任官。
永禄　十二	一五六九	正月、三好三人衆らが足利義昭が滞在する本国寺を襲撃。同月、信長が室町幕府の殿中掟を作成。二月、信長の和泉国堺支配が始まる。同月、信長が撰銭令を制定。四月、正親町天皇が宣教師を京都から追放しようとする。八月、信長が伊勢国の北畠氏を攻撃。十月、上洛し

年号	西暦	事項
		た信長と義昭が意見対立。
元亀　元	一五七〇	正月、信長が五ヶ条の条書を作成し、足利義昭が承認。同月、信長が各地の大名に禁中修理と武家御用のための在京を命令。四月、信長が若狭国の武藤友益・越前国の朝倉義景を攻撃、浅井長政の裏切りにより撤退。六月、近江国姉川の戦い。織田・徳川勢が浅井・朝倉勢を破る。九月、大坂本願寺が蜂起。同月、浅井・朝倉勢が近江国宇佐山城を攻め、織田信治・森可成が戦死。同月、比叡山に籠った浅井・朝倉勢を信長が包囲。十一月、織田信興が伊勢国長島一向一揆と戦い討死。十二月、織田と浅井・朝倉・本願寺・三好三人衆の和睦が成立。
元亀　二	一五七一	五月、信長が長島一向一揆を攻撃し、敗北。同月、三好義継・松永久秀が幕府から離反。九月、信長が比叡山延暦寺を焼き打ちする。
元亀　三	一五七二	十月、武田信玄が徳川家康領に侵攻。十二月、遠江国三方ヶ原の戦い。織田・徳川連合軍が武田勢に敗れる。年末頃、信長が足利義昭に対する十七ヶ条の意見書を作成。
天正　元	一五七三	二月、足利義昭が武田信玄らと結び京都で蜂起。四月、信長が上京を焼き打ち。信長と義昭が和睦。同月、信玄が病死。勝頼が武田氏の当主になる。七月、義昭が再蜂起、信長は義昭を追放。八月、信長が浅井・朝倉両氏を滅ぼす。十一月、義昭が紀伊国由良に下向、信長が三好義継を滅ぼす。同月、大坂本願寺と和睦。十二月、信長が正親町天皇に譲位を申し入れる。
天正　二	一五七四	正月、一向一揆が越前国を支配。二月、武田勝頼が美濃国明知城を攻略。三月、信長が蘭奢待を切り取る。同月、信長が上杉謙信に「洛中洛外図屏風」を贈る。四月、織田・本願寺の和睦が破れる。六月、勝頼が遠江国高天神城を攻略。九月、信長が長島一向一揆を鎮圧。閏十一月、信長が道路の整備を命令。
天正　三	一五七五	四月、信長が門跡・公家領への徳政を実施。同月、信長が河内国高屋城を攻略、三好康長が

		降伏。五月、武田勝頼が三河国長篠城を包囲。同月、長篠の戦い。織田・徳川連合軍が武田勢を破る。八月、信長が越前一向一揆を鎮圧。柴田勝家に越前国の支配を任せる。十月、信長と本願寺が三好康長の仲介によって和睦。同月、明智光秀が丹波国を攻撃。十一月、信長が権大納言・右近衛大将に任官。同月、信長が息子信忠に織田家の家督と岐阜城を譲る。
天正　四	一五七六	正月、信長が近江国に安土城の築城を開始。同月、丹波国の波多野秀治が離反。二月、足利義昭が毛利輝元と結びつき、備後国鞆浦に下向。四月、織田・本願寺の和睦が破れる。五月、摂津国天王寺で本願寺勢と戦い、織田勢が敗れたのち押し返す。六月、上杉謙信が輝元・義昭と結びつき、織田領侵攻を計画。七月、木津川口の戦い。織田勢が毛利氏の水軍に敗れる。十一月、信長が内大臣に任官。
天正　五	一五七七	二月、信長が紀伊国雑賀を攻撃。六月、信長が安土城下町に楽市令を制定。八月、松永久秀が織田政権から離反。九月、加賀国手取川の戦い。織田勢が上杉勢に敗れる。十月、織田信忠が久秀を滅ぼす。同月、羽柴秀吉が播磨国に入る。十一月、信長が右大臣に任官。
天正　六	一五七八	二月、播磨国の別所長治が離反。三月、上杉謙信が病死。四月、毛利輝元が播磨国上月城を包囲。同月、信長が朝廷の官職を辞任。五月、上杉氏の後継者をめぐって御館の乱が起こる。十月、荒木村重・小寺政職が離反。十一月、第二次木津川口の戦い。織田勢が毛利氏の水軍を撃退する。
天正　七	一五七九	二月、宇喜多直家が織田政権側につく。四月、御館の乱が終了し、景勝が上杉氏の当主になる。五月、明智光秀が波多野秀治を滅ぼす。同月、安土宗論が起こる。八月、光秀が丹波国を平定。九月、松平信康が切腹する。同月、織田信雄が伊賀国を攻撃し、敗れる。十月、北条氏政が織田政権に味方し武田勝頼を攻撃。十二月、信長が摂津国有岡城を攻略。
天正　八	一五八〇	正月、羽柴秀吉が播磨国御着城・三木城を攻略。別所長治らが自害。三月、信長と本願寺が和睦。同月、北条氏政が織田政権に服属か。閏三月、教如が大坂本願寺に籠城。八月、和睦により教如が大坂本願寺を退去、本願寺焼失。同月、信長が佐久間信盛を追放。九月、信長

年号	西暦	事項
		が大和国での指出を命令。
天正　九	一五八一	正月、信長が安土で左義長を行う。二月、信長が京都で馬揃を行う。三月、徳川家康が高天神城を攻略。同月、信長が京都で再度馬揃を行い、左大臣に就くよう天皇が勧める。八月、信長が高野山攻撃を決定。九月、信長が伊賀国を攻撃、平定する。十月、羽柴秀吉が因幡国鳥取城を攻略。
天正　十	一五八二	二月、信長が武田勝頼への攻撃を命令。三月、織田信忠が武田氏を滅ぼす。同月、信長が信忠に天下の儀を譲ると表明。五月、羽柴秀吉が備中国高松城を包囲。同月、織田信孝の四国攻撃軍が編成される。同月、朝廷が信長に太政大臣・関白・征夷大将軍のどれかに就くよう勧める。同月、徳川家康・穴山信君が安土を訪問。六月、本能寺の変。信長・信忠が死去。同月、山崎の戦い。明智光秀が死去。同月、清須会議。三法師が織田氏の当主となる。

著者略歴
一九八〇年、北海道に生まれる
二〇〇八年、北海道大学大学院文学研究科博士後期課程修了、博士（文学）
現　在、藤女子大学文学部准教授

〔主要編著書〕
『長宗我部氏の検地と権力構造』（校倉書房、二〇〇八年）
『長宗我部元親』（編著、シリーズ・織豊大名の研究1、戎光祥出版、二〇一四年）
『長宗我部元親・盛親』（ミネルヴァ書房、二〇一六年）
『兵農分離はあったのか』（平凡社、二〇一七年）

列島の戦国史8
織田政権の登場と戦国社会

二〇二〇年（令和二）十一月一日　第一刷発行

著　者　平《ひら》井《い》上総《かずさ》
発行者　吉川道郎
発行所　株式会社 吉川弘文館
郵便番号一一三—〇〇三三
東京都文京区本郷七丁目二番八号
電話〇三—三八一三—九一五一〈代表〉
振替口座〇〇一〇〇—五—二四四
http://www.yoshikawa-k.co.jp/
印刷＝株式会社 三秀舎
製本＝誠製本株式会社
装幀＝河村 誠

ISBN978-4-642-06855-0